소중한 마음을 가득 담아서

_____ 님께 드립니다.

STICK **사랑합니다. 스틱!** 스틱은 당신을 응원합니다.
가까이 있는 당신을 생각합니다. 멀리 있는 그대를 그리워합니다. 가족을 사랑합니다.

나를 지탱해주는 것들 100

흔들리지 않는
삶은 없습니다

김용원 지음

STICK

스틱스탠드 S025 | 표지(한국제지 아트지르 백색 210g/㎡ | 면지(한국제지 미색 백상지 100g/㎡

나를 지탱해주는 것들 100

흔들리지 않는 삶은 없습니다

초판 1쇄 인쇄 2017년 11월 13일
초판 1쇄 발행 2017년 11월 20일
지은이 김용원

발행인 임영묵 | **발행처** 스틱(STICKPUB) | **출판등록** 2014년 2월 17일 제2014-000196호
주소 (10353) 경기도 고양시 일산서구 일중로 17, 201-3호 (일산동, 포오스프라자)
전화 070-4200-5668 | **팩스** (031) 8038-4587 | **이메일** stickbond@naver.com
ISBN 979-11-87197-22-5　(03320)

Copyright ⓒ 2017 by STICKPUB Company All rights reserved.
First edition Printed 2017. Printed in Korea.

• 이 도서는 저작권법에 따라 보호받는 저작물이므로 무단전재와 무단복제를 금합니다. 이 도서 내용의 전부 또는
  일부를 재사용하려면 반드시 저작권자와 스틱(STICKPUB) 양측의 서면 동의를 받아야 합니다.

• 이 도서에 사용한 문화콘텐츠에 대한 권리는 각 개인 및 회사, 해당 업체에 있습니다. 연락이 닿지 않아 부득이하게
  저작권자의 동의를 받지 못한 콘텐츠는 확인되는 대로 허가 절차를 밟겠습니다.

• 잘못된 도서는 구매한 서점에서 바꿔 드립니다.

• 도서 가격은 뒤표지에 있습니다.

• 이 도서의 국립중앙도서관 출판예정도서목록(CIP)은 서지정보유통지원시스템 홈페이지(http://seoji.nl.go.kr)와 국
  가자료공동목록시스템(http://www.nl.go.kr/kolisnet)에서 이용하실 수 있습니다.(CIP제어번호 : CIP2017026462)

[원고투고] stickbond@naver.com
출간 아이디어 및 집필원고를 보내주시면 정성스럽게 검토 후 연락드립니다. 저자소개, 제목, 출간의도, 핵심내용 및 특
징, 목차, 원고샘플(또는 전체원고), 연락처 등을 이메일로 보내주세요. 문은 언제나 열려 있습니다. 주저하지 말고 힘차
게 들어오세요. 출간의 길도 활짝 열립니다.

세상의 비밀스러운 암호들

많은 사람들처럼 나 역시 성공하고 싶었습니다. 하지만 세상은 그렇게 만만한 곳이 아니었습니다. 늘 꿈을 꾸었지만 내가 주인공이 되는 세월은 오지 않았습니다. 오늘도 나는 내가 주인공이 되는 때가 오기를 손꼽아 기다리고 있습니다. 내가 성공하지 못했다고 하여 내 시도들이 의미가 없다고 생각하지 않습니다. 내가 성공을 위해 몸부림친 만큼 나는 나아갔으며, 단단한 놈이 되었으며 제법 맷집도 생겼습니다. 그렇게 상처를 받고 좌절을 하는 동안 나는 세상을 은밀하게 돌아가게 하는 비밀스러운 암호들에 대해 해독하는 눈을 가지게 되었습니다. 하나를 보더라도 유심히 관찰하여 사건의 본질과 구조를 이해해야만 한다는 것을 알게 되었습니다.

여기에 나와 있는 100가지의 지속하는 비밀들이 그런 세상의 본질을 읽고자 몸부림친 나의 노력의 발자취라고 생각해 주면 좋겠습니다. 나는 '각자는 신의 형상대로 태어났다.'라는 말을 좋아합니다. 인간은 죄를 짓고 혐오스러운 존재이기도 하지만 때로는 천상을 거니는 신성을 가진 존재이기도 합니다. 살아가면서 부대끼고 꿈꾸면서 세상으로부터 받은 영감을 시인의 눈으로 정리할 수 있었습니다. 나는 긴 문장을 좋아하지 않습니다. 시를 써서 그런 면도 있겠지만 짧은 문장에서 정곡을 찌르는 기쁨을 발견하기를 바랍니다. 이런 생각은 나 말고도 모든 사람이 원하는 것이라고 믿습니다.

언제부턴가 실패는 필수고 성공은 운이라는 말을 믿었습니다. 축구감독 알렉스 퍼거슨이 한 말이 기억이 납니다. 운동장에서 보는 세계적인 스타플레이어들의 신기에 가까운 기술들은 그냥 이루어진 것이 아니라는 말, 그것은 운동장 밖 보이지 않는 곳에서의 피나는 훈련의 결과라는 말을 믿습니다. 이 책에서

제시하는 백 가지의 노하우는 성공적인 삶을 살기 위한 부단한 성찰의 결과입니다. 만일 이런 내용을 읽고 깊이 공감하여 실천에 이른다면 당신은 성공할 것이고 그 성공은 지속할 것입니다.

차례

프롤로그 세상의 비밀스러운 암호들 ● 5

1

힌 날의 고민은
그날로 족합니다

힘이 드는 날이 있습니다.

마치 오늘로 만사가 다 끝이 나는 듯한 절망으로

몸이 휘청거리게 되는 날이 있습니다.

하지만 목숨이 붙어 있는 한 세상은 그날로 끝이 아닙니다.

피곤한 몸을 접고 칠흑 같은 어둠 속에서

만사를 잊고 지내다가 잠에서 깨어나면

세상은 신기하게도 어제와는 다른 새 힘을 줍니다.

이런 힘이 어떻게 해서 생겼는지는 모르지만,

사실이 그렇습니다.

눈 뜨면 어제와는 다른 새로운 풍경,

어제와는 사뭇 다르게 느껴지는 서늘한 바람,

이런 풍경과 바람 속을 거닐다 보면

나의 에너지는 다시 충전되고

살아야 하겠다는 강한 의지가 피어오르기 시작합니다.

한 발 두 발 세상을 향해 걸어가다 보면

어젯밤 나의 고민은 헛것이었고 집착이었음을 깨닫기도 합니다.

오늘이 힘들면 오늘 하루만 지워야 합니다.

오늘이 힘들다고 내일의 소망마저 잃을 수는 없습니다.

프라 지오반니는 말했습니다.

일상의 우울은 그림자에 불과하다고 말입니다.

우울함이 지나고 나면 손 닿을 가까운 곳에 즐거움이 있습니다.

속지 마십시오. 당신의 기쁨을 잃지 마십시오.

2
살아 있는 것은
하나가 아닙니다

인생에는 정답이 없습니다.

살아 있는 것은 그 자체로

가야 할 길이 있다고들

사람들은 말합니다.

하지만, 그 길이 종국에 이르도록

그 생명을 위하는 길이라고 보장할 수만은 없습니다.

살고자 하는 생명에게

하나로 고정된 결단을 요구하지는 마십시오.

생명에게는 하나가 아닌

여러 가지 방도가 필요합니다.

하나의 방도가 필요하면 얼마나 좋겠습니까.

생명은 언제나 하나가 아니라 둘 이상입니다.

하나여야 하는 것은 희망일 뿐입니다.

살아 있는 것은 하나가 될 수 없습니다.

내 안에는 나도 모를 내가 여럿이 있어
나를 피곤하게 합니다.
살아 있는 것은 하나가 아닙니다.
사람의 변심을 욕하지 마십시오.
일편단심이기를 바라는 것은 나의 희망이자 바람일 뿐입니다.

3

문제
해결방법

사는 것은 문제를 만나는 일입니다.

문제를 만나 고민하고 해결하고

때로는 포기하기도 하면서

살아가는 게 인생입니다.

문제를 만났다고 피하거나 우울해하지 말고

즐거운 마음으로 잘 해결해 나가야만 합니다.

그러면서 삶의 보람을 느끼는 것이

성공하기 위한 태도입니다.

기억해야 할 중요한 것이 하나 있습니다.

문제가 생겼을 때 궁극적인 문제해결의 초점을

나 아닌 다른 것에서 찾지 말아야 합니다.

그래야 문제를 해결하고

앞으로 생겨날 문제를

극복해 나갈 수 있게 됩니다.

그렇습니다.

문제가 생겼을 때는 자기 자신을 향해야 합니다.

나 이외의 도움으로 문제를 해결하는 일은

단지 일회용에 불과합니다.

그것은 진정 자신의 살과 피가 되지 못합니다.

4
리더십의
왕도

리더십에 관해 이런저런 정의들이 많습니다.

리더십을 강의하는 강좌도 많고 책도 많으며

리더십을 배워 멋진 리더가 되기를

소망하는 사람들 또한 아주 많습니다.

하지만 리더십은 그런 강의나 책 속에 있지 않습니다.

그리고 리더십은 거창한 것이 아니며 간단한 것입니다.

리더십은 실천하는 것이 중요합니다.

옛 선인들은 솔선수범을 리더의 덕목으로 삼았습니다.

무엇을 보는가 하는 것이 중요합니다.

리더가 누구라고 지목하거나 뽑을 필요도 없습니다.

리더십은 아주 느린 것이고 인내해야 하는 것이고

일관성이 있어야 하는 것입니다.

천천히 쉬지 않고 사랑하는 것이야말로

자연스럽게 리더십을 행사할 수 있는 방법입니다.

5

성자(聖者)에 대한
단상

사람이 어느 때 감동을 하는지 아십니까?

자신을 가벼이 여기고

세상을 무겁게 여기는 태도에 감동을 합니다.

다시 말하면 자신의 부끄러운 부분을 드러내더라도

세상에 희망을 주는 일을 할 때 감동을 받습니다.

일전에 이혼하지 말자는 취지의 책을 쓰면서

이름이 꽤나 알려진 사회저명인사 한 분에게

추천사를 부탁한 적이 있었습니다.

그런데 그분은 추천사에서

자신이 이혼했다는 사실을 고백하면서

써 준 추천사를 보고 놀랐습니다.

진정한 용기가 무엇인지에 대해 생각해 보게 되었습니다.

자신의 부끄러움이 드러나도

세상의 희망을 주는 일이라면

그 일을 해야 합니다.

별처럼 빛나는 성자는

하늘에만 있는 것이 아닙니다.

땅에도 성자는 있습니다.

나는 그 사람을 이 땅의 성자라고 부르고 싶습니다.

그래야 우리가 사는 세상에 희망이 있지 않겠습니까.

사람을 살리고 세상에 희망을 주는 일이라면

손발을 걷어붙이고 나서야 합니다.

그것이 세상을 살리는 일이기도 하고

당신을 위하는 일이기도 합니다.

무언가 살리는 일에는 일도 성공도 보장될 것임을 믿습니다.

6

흔들림에
대하여

흔들리는 것을 불안해하지 마십시오.
흔들리는 것을 부끄러워하지 마십시오.
세상에 흔들리며 살지 않는 사람은
아무도 없습니다.
나무도 비바람에 흔들리며
자신의 굳은 자리를 만들 듯이
사람 역시 흔들리면서 더 깊어지게 됩니다.
흔들리는 것은
요동하지 않는 삶을 위한 거름입니다.
시인들은 꽃도 흔들리며 큰다고 노래합니다.
그렇습니다.
사는 것은 흔들리며 가는 것입니다.
방황하지 않는 삶이 어디 있으며,
흔들리지 않고 가는 삶이 어디 있는지

주변을 한번 둘러보십시오.

오늘도 한 걸음을 앞으로 내딛기 위하여

좌로 한 번 흔들리고

또 한 걸음을 앞으로

내딛기 위하여 우로 한 번 흔들립니다.

사는 것은 이렇게 흔들리며 가는 것입니다.

7

검정과
흰색

전철 칸에 탄 사람들을 봅니다.

머리가 흰 사람도 있고 검은 사람도 있고,

검다가 흰색으로 변해가는 사람도 있습니다.

길을 걸어갑니다.

지나가는 사람,

건너오는 사람들의 머리카락색이 가지각색입니다.

나는 아직 검습니다. 나는 압니다.

내 머리가 얼마 가지 않아서

희어지게 된다는 것을 압니다.

그리고 흰 것은 세상에서 얼마 가지 않아서

사라지고 말 것입니다.

그것을 생각하면 마음이 짠합니다.

앞에서 다가오는 사람의 머리가 흽니다.

그를 바라보고 걸어가는 나의 머리는 검습니다.

오만 가지 상념이 순간 스쳐 지나갑니다.

그의 머리카락색은 흽니다.

검은 나는 앞으로 격정의 세월을 가야 하고

흰 그는 아쉬움의 세월을 가야 합니다.

검은 것은 검어서 서럽고 흰 것은 희어서 서럽습니다.

날이 갈수록 흰 것이 정욕을 버리며 순결해져 갈 때

검은 것은 열정과 모략 속에서

스스로에게 상처를 내기 시작할 것입니다.

저만치서 다가오는 그는 희고 나는 아직 검습니다.

아직 나는 검은 세계에 있습니다.

8

한 방은
없습니다

오늘이 힘들다고 해서
정신을 놓고 있으면 안 됩니다.
괴로워하며 방황하거나
술에 쥐해 잊으려 해도 안 됩니다.
믿으십시오.
포기하지 않고 이루려 애를 쓰며
공을 들이면 언젠가는 당신이 주인공이 되는
새로운 날이 반드시 찾아온다는 것을 믿으십시오.
그날은 갑자기 올 수도 있는데
준비되지 않으면 그날을 만날 수 없고,
그날이 주는 기쁨을 누릴 수가 없습니다.
세상에서 성공한 사람들이
아무렇게나 성공한 것이 아닙니다.
권투경기에서 한 방에 나가떨어지는 경우도

가끔은 있습니다마는
그것은 소가 뒷걸음치다가 쥐를 잡는 식입니다.
대부분은 그렇지 않습니다.
수없이 날린 당신의 주먹 중 하나가
상대를 거꾸러뜨립니다.
그러기에 계속해서 주먹을 날려야 합니다.

9
형용사가 싫어요

세상은 내 뜻대로 되지 않습니다.
오히려 내 뜻과는
정반대로 가는 경우가 많습니다.
그럴 때미디 네가 무신코
세상에 내뱉은 말들이 미워질 때가 있습니다.
피와 땀과 눈물을 흘리는 대신
형용사 가득한 말을 흘리고 다닌
내가 미워지는 것입니다.
그래서 나는 형용사 사용을
싫어하게 되었습니다.
흔히 경상도 남자들이 퇴근해 와서
아내에게 '밥 묵자, 자자.' 하고
내뱉는다는 말들이 오히려
매력적으로 들리기 시작합니다.

나는 과묵하고 정작 말을 해야 할 장면이면
얼굴을 붉히며 말을 대신하는 한 사람을 알고 있습니다.
그는 말을 잘하지 못합니다.
해야 한다면 꼭 필요한 말만 합니다.
그는 말을 중요시하게 생각하지 않는 듯합니다.
오히려 상대의 행동에 점수를 많이 주는 사람 같습니다.
오늘도 내가 쓸데없이 흘리고 다닌 말들로 인해
괴로워하며 강가에 나왔는데 갑자기 그 사람이 생각났습니다.
강가의 차돌 같이 단단한 그 사람,
마치 사인(Sign)을 주고받는 야구선수처럼
그의 말에는 앞뒤의 문법도 없었고
언제나 간단하고 명료할 뿐이었습니다.
그렇지만 그 사람은 알고 있을 것입니다.
진정한 소통은 결국 형용사가 섞인 말로
이루어지지 않는다는 것을 말입니다.
어떤 때는 침묵하는 것이 훨씬 좋을 때가 있습니다.
남의 잘못에 대해 침묵하고
나의 선행에 대해서도 침묵해야 할 때가 있습니다.
미사여구 가득한 말을 경계해야만 합니다.
침묵은 금이고 웅변은 은입니다.

10

천국,
별것 아닙니다

천국에 대해 이런저런 정의들이 많습니다.

누구는 죽어야 간다고 하고

누구는 지금 살아가는 이곳이 천국이라고 말을 합니다.

깊은 것은 잘 모르지만, 천국은 영토의 개념이 아닌 듯합니다.

나는 그 천국이 마음의 상태를 말하는 것이 아닐까

추측하고 있을 뿐입니다.

그러니까 천국은 우리들 마음속에 있다는 것입니다.

내가 너무 소극적이고 좁게 생각하는지 모르지만

살다 보면 천국이 별것이 아니라는 생각을 하게 됩니다.

죄를 짓지 않았으면 좋겠습니다.

지금까지 지은 죄들을 생각하면 괴롭습니다.

빚을 지지 않고 내가 번 것으로 먹고 입고 자고

남들에게 아쉬운 소리를 하거나

남들에게 갚을 것을 추궁당하는

진땀 나는 시간을 보내지 않았으면 좋겠습니다.
남을 미워하지 않았으면 좋겠습니다.
남을 미워하면 내가 번뇌에 빠지고
내 몸을 망치고 상대를 망칩니다.
그것이 얼마나 손해나는 짓인지 모릅니다.
나는 이렇게 세 가지가 없는 것,
죄짓지 않고, 빚지지 않고, 미워하지 않고 산다면
그곳이 천국이라고 말하고 싶습니다.

11

인생은
전쟁

인생은 전쟁입니다. 이 땅은 전장입니다.

그것을 쉽게 잊어버리거나

애써 부인하려 들으면 안 됩니다.

그러기에 이 땅의 우리는 모두 전사들이며

이 땅은 치열한 전쟁터입니다.

생각해 보십시오.

살아남기 위한 생존경쟁과

내 안에서 시시각각 다투고 있는

선과 악의 싸움에 이르기까지 생은 어차피

고달픈 전쟁의 연속이라는 것을 잊어서는 안 됩니다.

전쟁에서는 나가서 적을 맞아 싸워야 합니다.

넋을 놓고 있거나 한숨을 쉬거나

눈물을 흘리거나 도주를 해서는 안 됩니다.

지금은 당신의 피와 땀과 노력이 더 필요한 때입니다.

12

오래가는
비법

사람들은 무엇이든 자신에게 유리한 것은
오래가기를 원합니다.
사랑하는 사람도 형제간의 우애도 친구의 우정도,
그리고 내가 가진 소유나 명예도 오래가기를 원합니다.
아니 이 상태 이대로 쭉 가기를 원합니다.
그러기 위해 제일 좋은 것이 무엇인지 아십니까.
줄어들거나 없어지는 것이 아니라
유지하며 지속하는 비법(秘法), 그것은 바로 겸손입니다.
겸손하지 않은 것이 망하지 않은 경우는 없습니다.
그것이 성인들의 가르침이고 경전에 나오는 비법입니다.
당신은 오늘날 남이 없는 권력이나 부, 명예를 가지고 있습니까?
홉스테드는 말합니다.
그것을 자랑할 것이 아니라
미안한 마음으로 은밀히 사용되어야 할 대상이라고….

13

결혼에
대하여

배우자의 덕을 보겠다는 생각으로

결혼을 했다면

그 가정은 모래성으로 만든 가정입니다.

그래서 언젠가는 쉽게 무너지게 될

운명을 가진 것입니다.

상대의 결점을 보충해 준다는 생각으로

결혼해야 합니다.

결혼을 통해 상대의 덕을 보는 것이 아니라,

상대의 부족을 가려주고 채워 줄 자신이 섰을 때

그 사람과 결혼하십시오.

그럴 때 가정은 비로소 돌로 쌓은 성(城)이 됩니다.

인간관계와 마찬가지로 먼저 주면 받게 됩니다.

상대를 지켜주고 결점을 감싸주면 따르게 됩니다.

14

생명의
의무

살면서 이런저런 변화를 겪게 됩니다.

변화 앞에서 사람들은 괴로워하거나

심지어 두려워하는 경우를 자주 보게 됩니다.

하지만 그렇게 해서는 안 됩니다.

왜 안 되는가 하면

당신이 살아 있는 존재이기 때문입니다.

살아 있다는 것은

생로병사의 사이클 안에 있다는 것입니다.

죽은 것들은 변화를 모릅니다.

시체의 가장 큰 특징은 경직되어 있다는 것입니다.

변화는 살아 있는 것들이

숨을 쉬는 것과 같이

평범한 일이기도 합니다.

그것은 생명의 존재 증명이자 축복입니다.

이렇듯 변화를 인정하고
변화에 동참할 줄 알아야 합니다.
그래야 살아 있는 것이며
앞으로 나아갈 수가 있는 것입니다.
생명이 감당해야 할 의무는
변화와 상실임을 잊어서는 안 됩니다.

15

탐욕에
대하여

경계해야 할 것이 많겠지만,

그중에서도 욕망을 경계해야 합니다.

욕망은 자칫 자신과 이웃을

망치는 경우가 많기 때문입니다.

욕망은 신뢰할 만한 친구가 되지 못합니다.

욕망은 가끔 우쭐해 하며 사람을 높이기도 하지만

재기불능 상태로 만들기도 하니까 조심해야 합니다.

이것은 나이가 많거나 적거나를 불문합니다.

나이가 들어도 욕망에 사로잡혀

평생 일구어 온 인생의 농사를 망치는 경우를 자주 보았습니다.

돈, 명예, 권력, 섹스,

이런 일상의 가치를 지나치게 추구하는 것은 탐욕입니다.

탐욕에 빠지면 그것은 결국

당신의 생명을 빼앗아 가는 재앙이 됩니다.

16

비판

세상을 파괴하는 것이 아니라

건설을 하고 싶다면

긍정적인 생각과 말을 하십시오.

비판이 도움되는 경우두 많지만,

대안을 가진 비판을 하여

상대를 이해시킬 수 있도록 하십시오.

비판하는 것이 남을 어렵게 하고

자기 뜻을 관철하거나 합리화하는 것이

되지 않도록 조심해야 합니다.

비판은 끝에 가서는 흔히

중상과 모략으로 흐르기에 십상입니다.

그래서 비판은 반드시 되돌아오는 부메랑이 됩니다.

비판을 받고 가만히 있을 상대가 어디 있겠습니까.

그러기에 비판을 받고 싶지 않거든

비판을 하지 말아야 합니다.

자신을 되돌아보십시오.

내가 똥을 묻히고 다니면서

상대에게 방귀 뀐 것을

나무라지나 않는가 하고 말입니다.

17

주변을 살피는
여유

주변을 바라보는 여유가 필요합니다.

앞만 보고 발밑만 보고 달려갈 것이 아니라,

고개를 들어

내 옆에 내 뒤에 그리고

좌, 우에 어떤 것들이 있는지를 알아야 합니다.

내 주변의 풍경들을 보면서

그것들을 생각하면서

내 일을 해가는 그런 여유가 필요합니다.

내 앞만 보고 가는 삶은 진정한 삶이 아닙니다.

그런데 아쉽게도 젊어서는

내가 세상의 중심이라는

생각에 사로잡힌 나머지 주변을 보지 못합니다.

어떻게 보면 이런 현상은

아쉽게도 남자가 여자보다

더 심한 경우가 많습니다.

남자의 열정은

일종의 병에 가까운데도 말입니다.

주변이나 전체를 생각하지 않고

오로지 나에게만 집중된 삶은 지양되어야 합니다.

18

삶의
영광

대박을 꿈꾸는 사람들이 많습니다.

엄청난 삶의 영광을 바라는 사람들이 많습니다.

하지만 살아 보면 삶의 영광이

별스런 것이 아니라는 사실에 눈을 뜨게 됩니다.

사람이 일상을 영위하는 것이

평범한 듯 보이기도 하지만

일상은 모든 것들이 최적화되어 있는 상태임을

어떻게 해야 당신에게 설명할 수 있겠습니까.

그저 이 땅을 살며

봄, 여름, 가을, 겨울의 계절변화를 보면서

좋은 공기 마시며 사는 것이 성공입니다.

포기하고 좌절하지 말고 살아만 계십시오.

대단한 삶의 영광은 없습니다.

살아 있음이 이미 성공이고 희망입니다.

19

청춘은
망설임

특권을 누리는 계층들이 있습니다.
청춘 역시 그러한 계층 중의
하나일 것입니다.
청춘은 어느 것으로 규정되거나
정의되지 않는 것입니다.
부단히 흔들리고 망설이는 것을
허용하는 것이
청춘의 특권입니다.
망설임에는
방황과 방랑을 포함합니다.
그것은 웬만해서는
처벌되지 않는 젊음의 특권이기도 합니다.

20

인내

가장 소중한 것이 무엇인지에 대해
많은 정의와 말들이 있습니다.
인내는 어떤 재산보다 소중합니다.
때때로 학력, 능력, 재능을
능가하는 경우가 아주 많습니다.
살아 보니 다 중요한 것들인데
무엇보다 소중한 것이
인내라는 것을 알았습니다.
특히 성질이 못된 자들일수록
인내를 배워야 합니다.
그것이 그 사람을 지키는 보배입니다.
인내는 열매를 맺게 해 줍니다.
인내 없이 이기거나 성공할 수 있는 것은 없습니다.
인내는 쓰나 그 열매가 달다는 말은 진실입니다.

21

절제

나를 절제할 수 있어야 합니다.
통제나 절제 없이 마구 행사되는
힘과 정열과 소비와
그 외 많은 것들은
모두 폐단을 낳고 맙니다.
강한 것은 강한 이유로 인해
절제되어야 하며,
약한 것은 약하다는 이유로 인해
절제해야 합니다.
절제를 보물로 삼아야 합니다.
그러면 그대의 이름 석 자를 더럽히지 않고
잘 지킬 수 있습니다.

22

천천히
그리고 계속해야 합니다

매사에 급하게 해서
잘되는 것을 못 보았습니다.
급하게 서둘러서
일이 잘되는 것처럼 보일지 몰라도
결국 나중에 가서는
그것을 다시 손을 보아야 합니다.
서두르지 않고 천천히 여유를 가지고
완벽하게 하는 것이 좋습니다.
그리고 더 좋은 것은 달려가거나 뛰지 말고
쉬엄쉬엄 꾸준하게 가는 것입니다.
남들이 조심조심 가는 길을 뛰어가는 것 역시
조심성이 없는 것입니다.
반드시 그 대가를 치르게 됩니다.

23

바다를 찾는
이유

바다에 오면 마음이 편해집니다.
그래서 마음이 번잡하거나
죄를 지은 사람들은
바다로 향하는 모양입니다.
바다는 내 발아래 납작 엎드려 귀를 열어 놓고
내 이야기를 들어주려고 대기하고 있습니다.
내 원망과 희망을 다 들어주는 바다가 고마워서
천리만리 길을 달려 바다를 찾게 됩니다.
말하는 것보다 들어주는 것이 더 중요합니다.
그리고 바다는 열 번이면 열 번 다
실패한 원인을 묻지 않고
상처 난 자를 일으켜 세워 줍니다.
바다의 변함없는 일관성이 마음에 듭니다.

24

구두를
닦으며

세상 모든 곳이 다 배울 곳이고

모든 것들이 다 나의 스승입니다.

오늘 구두를 닦으면서 장애인 사장님을 만났습니다.

정신지체상애가 있는지

말을 한마디 하기 위해 오만 인상을 짓고 몸을 비틉니다.

내가 신고 다니던 신발을

신줏단지 모시듯 받아들고 정성으로 닦습니다.

보기에 미안하기도 하고 죄송스럽기도 한 광경입니다.

손가락에 검정 구두약을 듬뿍 묻혀 구두를 문질러 댑니다.

손가락에 검정 문신을 새기며

자신이 구두 닦는 사람이라는 것을 고백할 때

신발을 맡긴 손님은 푸른 지폐 석 장을 건넵니다.

이럴 때 세상은 얼마나 지엄한 곳이며

또 얼마나 경건한 것인가 하는 것을 깨닫게 됩니다.

돈 몇천 원을 우습게 여기다가
천벌을 받을 것이라는 무서움이 들기도 합니다.
돈을 필요한 때 쓰지 않고
일신의 유익을 위해 흥청망청 쓰다가는
아마 내일쯤 지옥에 가 있을지도 모르겠습니다.

25

눈썰미

세상 이치를 깨닫기 위해
얼마나 많은 경험을 해야만 할까요.
그리고 일을 벌여야만 할까요.
아마 그렇게 해서 일의 본질을 깨닫고자 한다면
죽을 날까지 피곤함이 끝이 없을 것입니다.
눈썰미가 필요합니다.
어떤 일을 볼 때 일의 줄거리와 핵심을
한눈에 꿰뚫어 보는 연습을 하십시오.
머리가 둔하면
손발이 피곤하다는 우스갯소리가 있습니다.
우리는 세상의 그 많은 일을
일일이 경험하면서 터득할 수는 없습니다.

26

작은 것이
강합니다

고산지대에 올라가 보면
더 이상 관목이 자랄 수 없는 한계선에 피는
이끼나 꽃과 같은 것을 보고 놀랄 때가 많습니다.
그 큰 관목도 자랄 수 없는 곳에서
이끼 틈에 한 무리를 지어 핀 꽃들을 보면
생명의 신비와 작은 것의 강함에
무릎이라도 꿇고 싶은 감동을 받습니다.
당신은 작습니까, 그리고 약합니까?
좌절할 필요가 없습니다.
당신의 약함을 한탄하며 울기보다는
피와 땀을 흘려야 할 때입니다.
그래서 당신의 일상에서
자신이 강하다는 것을 보여주세요.
나는 그것이 보고 싶습니다.

27

값진
보물

삼척동자라도 다 아는 사실을 부인하면서
자신의 고집을 내세우는 경우가 많습니다.
중요한 것은 지극히 정상적인 것을
정상적으로 받아들이고
이상한 것은 이상하게 받아들이는 것입니다.
병이 들면 상식이 통하지 않습니다.
그렇기에 상식적인 것을
상식으로 받아들이는 것은
건강하다는 신호와 같은 것이어서 축복입니다.
상식을 무시하고 자신의 고집대로 하다가
일을 망치는 경우를 종종 보았습니다.
상식을 상식으로 받아들이는 것
그것처럼 값진 보물은 없습니다.

28

추상명사를
살아나게 합시다

나이를 먹어가면서
추상명사의 위력을 새삼 깨닫게 됩니다.
추상적으로 보이는 잠자는 추상명사들을 다 깨워서
당신의 삶에서 살아 움직이게 해 보십시오.
정직, 정의, 사랑, 형평, 진실, 우정 등등과 같은
추상명사들을 당신의 삶에서 살아나게 하십시오.
그중에서도 진실과 솔직을 이야기하고 싶습니다.
어릴 때부터 귀에 못이 배기도록 들었던 말 중에
사람은 모름지기 정직하고 진실해야 한다는 말이
유난히 기억에 남습니다.
솔직히 인정하고 진실하면 해결될 모든 일이
솔직하지 못하고 진실 되지 못함으로 인하여
낭패를 보는 경우가 정말 많습니다.
어릴 적 부모님의 말씀을 제대로 배우기만 했어도

피해 나갈 어려움을
나이가 들어서도 해결하지 못하는 것은
그 귀한 말씀을 흘려들었기 때문일 것입니다.
진실해야 하고 솔직해야 한다는 말은 정말 중요합니다.
어릴 적 부모님께서 하시던 그 말씀은
보물이었음을 뒤늦게 깨닫습니다.

29

사람을
조심해야 합니다

사람에게는 사람이 중요합니다.

그렇지만 사람을 전적으로 믿지는 마십시오.

아시다시피 사람은 유한한 존재여서

언젠가는 그 존재가 다 허물어져서

바람 속을 떠돌 것이기 때문입니다.

그리고 특히 전문가라는 사람들을

조심하여야 합니다.

전문가로 행사하는 사람들의 말만 듣고

낭패를 본 사람들이 지천으로 수두룩합니다.

유한한 존재인 사람을 전적으로 신뢰하다가는

낭패를 당하기가 쉽습니다.

30

겪어 보고
할 일

흔히 사정도 잘 알지 못하고

무엇에 대해 성급한 결론을 내리는 경우가 많습니다.

사람에 관한 판단도 마찬가지입니다.

어떤 남자가 이렇다, 어떤 여자가 이렇다고

쉽게 결정을 내려서는 안 됩니다.

내가 남자여서 그런지

여자에 대해서만 생각해 보더라도 그렇습니다.

함께 힘겨운 똥 밭을 굴러보지 않은 이상

그 여자가 어떻다고 이야기해서는 안 됩니다.

특히 평생을 살 배우자를 선택하는

결혼이나 사업과 같이 중대한 일은

충분히 겪어 보고 내린 결정이 아니면 안 됩니다.

31

유연성

유연함의 중요성을 말하고 싶습니다.

유연하지 않으면 상대에게 잡히며

주위에 포위되기 십상입니다.

사정이 달라지면 언제든지 편리하게

당신의 태도를 바꾸십시오.

그것이 열 번이건 스무 번이고 상관없습니다.

먼저 당신이 사는 것이 중요합니다.

유연성은 생존을 위한 윤리입니다.

그것이 필요하다고 인정이 되면

언제든지 유연해질 필요가 있습니다.

32

역사의
중요성

언젠가 일본 항공사 스튜어디스로

30여 년간 근무했던

여자 승무원이 한 말이 생각납니다.

비즈니스석의 5배를 더 주고

퍼스트클래스석을 이용하는 사람들에게는

그들만의 성공하는 습관이 있다는 것이었습니다.

그들은 지독할 활자 중독이며

역사책을 많이 읽는다는 것을 알게 되었습니다.

그리고 특히 천 년 이천 년이 흐른

역사책에 숨어 있는 소중한 보물들을 찾아

일상에서 활용하는 습관이 있다는 것도 알았지요.

사람의 역사는 똑같이 반복되지는 않지만

비슷하게 반복되는 운율이 있다는 것을

알았기 때문일 겁니다.

국가는 물론 개인에게도 역사를 아는 것은
생존과 발전을 위해 매우 필요한 일입니다.
알렉시스 더든은 말했습니다.
역사에 대한 인정은
진보를 향한 유일한 길이라고 말입니다.

33

자율

앞서 천국이란 영토의 개념이 아니라는 것을
말한 기억이 있습니다.
불교에서 화엄이라는 것도
각자의 자율성을 인정히는
세상을 만들어야 한다는 것일 겁니다.
사람들은 다 똑같이 태어나지 않았습니다.
그래서 개개인의 성향이 다르다는 의미의
개성이라는 말이 생겨난 것입니다.
못생긴 것은 용서하지만,
개성이 없는 것은
용서할 수 없다는 말이 생겼습니다.
우리는 각자가 모두 다릅니다.
그것을 인정해야 세상이 살기 편해집니다.
그 사람이 나와 다른 것은 당연한데

그것을 타도해야 할 적으로 규정하여
몰아내고자 혈안이 되면
이 땅은 전쟁이 끊이지 않게 됩니다.
더불어 사는 사람들의 개성과 특성을 인정되는 곳
그곳이 바로 천국입니다.

34

황금률

세상에는 많은 황금률이 있습니다.
하지만 뿌린 대로 거둔다는
이 소박한 이치보다
더 깊은 황금률을 보지는 못했습니다.
내가 서고자 하면
상대를 세워 주면 됩니다.
상대를 세워 주면 내가 서지만
상대를 짓밟으면
그가 나를 짓밟게 됩니다.
이것은 한 치의 어긋남이 없이
정밀하게 보응을 합니다.
여기에 어리석게 이변이나
기적을 기대해서는 안 됩니다.

35

세 가지
가르침

사람을 가르치는 방법은
여러 가지가 있습니다.
말로 해서 가르치는 방법이 있고,
행동으로 가르치는 방법이 있으며,
무언으로 가르치는 방법이 있습니다.
말로 하는 가르침은
행동으로 보이는 가르침보다 못하고,
행동으로 해 보이는 가르침은
무언으로 가르치는 것보다 못합니다.
가르치고자 하는 내용이 뼛속 깊이 들어가
그 사람의 피가 되고 살이 되는 것은
역시 무언의 가르침입니다.
한번 시험해 보십시오.
옛날 어느 정승은 수하의 사람을 뽑아 쓸 때

무언으로 가르쳐
스스로 이치를 터득하려고 하는 자들은
거두어 가르치고,
그렇지 못한 경우에는
가르쳐도 깊이 들어가지 않는다며 물리쳤습니다.
너무 많이 말을 해서는 안 됩니다.
그것이 해결방안이 못되기 때문입니다.

36

원수에
대하여

원수를 사랑하라는 말을 많이 들었을 것입니다.
그러나 경전의 말은 경전의 말로 머물 뿐
일상에서 그것이 실천되기란 참으로 어렵습니다.
원수에 대한 사랑은 특히 경쟁 속에서
일상을 살아내어야 하는 범부들에게는
참으로 어려운 주문입니다.
세상을 살다 보면 원수가 없는 곳이 없습니다.
가정에도 있고, 직장에도 있고, 사교모임에도 있습니다.
왜 원수를 사랑해야 하나요?
그것은 우리가 원수를 우리 마음대로 할 수 없기 때문에
결국 그 원수에 대한 반감을
우리 가슴속에 가두어 두어야 하기 때문입니다.
음식물을 입안에 가두어 두면
썩어서 잇몸을 상하게 하는 원리와 같습니다.

상대에 대한 원한을 가슴에 담아두면

우리 가슴이 썩어지기 때문입니다.

입에서는 그 썩는 냄새가 진동하며

눈에는 핏기가 서리고 피부는 탄력을 잃게 되며

장기는 썩어 들어가

전체적으로 혼란스럽고 흔들리기 시작합니다.

그러므로 원수를 사랑하는 것은

결국 나를 사랑하는 일입니다.

또 우리가 원수를 사랑해야 하는 나머지 이유 중 하나는

원수를 석대해서는 그 원한이 풀리지 않는다는 것이

역사적으로 입증되었기 때문입니다.

인간은 감정의 동물이어서 그런지

상대가 악으로 나와야 하는데

갑자기 돌변해서 자기를 선대하게 되면

자신의 자존심이 상하는지 어떤지는 모르지만

그만 져주고 말아야 하겠다며

움츠러드는 심적인 변화가 생긴다는 것입니다.

그것은 알 수 없는 인간 마음의 신비이기도 합니다.

그래서 우리는 원수를 우리 손으로 갚지 말고,

원수를 악으로 대하지 말아야 합니다.

37

당신의 말을
들어야겠습니다

많은 사람이 다가와서 이런저런 이야기를 하고 갑니다.
하지만 나는 내 일이 바빠서 그런지
아니면 그 사람들이 귀찮게 여겨져서 그런지
그냥 무시하고 하루를 지냅니다.
늘 이런 식으로 살아왔습니다.
하지만 한 번쯤은 상대가 나에게 와서
중얼거리는 말이 무엇이며,
말하는 자가 누구인지 그리고
왜 나에게 와서 그렇게 하는지 그 이유를 알아야만 합니다.
사람은 지위의 고하나 빈부의 귀천을 불문하고
다 비슷한 존재들이어서
양지가 음지가 되고 음지가 양지가 되는
변화무쌍한 자리 바뀜의 순간을 살고 있음을
잊으면 안 됩니다.

그 당당하던 당신의 자리가 불안하게 되는 순간

갑자기 그 사람이 와서 하는 말이

들리기 시작하게 됩니다.

몸짓을 지어 보이는 상대가 비로소 보이기 시작하고

상대가 내게 와서 살머시 건네는 말들이

당신 가슴에 들어와 잔잔한 파도가 될 것입니다.

상대의 말을 알아듣기만 해도

얼마나 세상을 살기가 쉬운지 알게 될 것입니다.

내 말을 하는 것은 중요한 것이 아닙니다.

하고 싶으면 얼마든지 내 말을 하십시오.

하지만 더 중요한 것은 상대의 말을 알아듣는 것입니다.

상대의 말에는 그 사람의 형편, 처지, 요구하는바,

모든 것이 다 들어가 있기 때문입니다.

경청이 중요합니다.

그것이 남는 장사입니다.

38

음식과
절제

이 땅에 오래 살고 싶으면

입으로 들어가는 음식을 절제할 수 있어야 하겠습니다.

소화하기 어려운 음식이나 너무 많은 음식을 섭취하여

몸속에서 부패하고 썩게 하지 말아야 합니다.

그리고 무엇이든 학대를 하면 반란을 일으킵니다.

독하고 더럽고 너무 많은 양을 먹어

위가 상하도록 해서는 안 될 것입니다.

그리고 위도 사람처럼 소화하느라

운동을 많이 한 경우 편히 쉴 수 있도록 해 주어야 합니다.

그래야 새 힘을 얻어 다시 움직일 수 있게 됩니다.

간식을 먹어서 내장의 휴식을 빼앗지 마십시오.

먹는 것은 단순히 육체에 한정된 것이 아닙니다.

먹는 것은 정신과도 관계되어 있습니다.

인류 최초의 타락도

입으로 먹는 것에서 비롯되었음을 기억해야 합니다.
먹지 말아야 할 것을
너무 많이 아무거나 먹어서는 천국을 잃게 됩니다.
기억하십시오.
오늘 당신의 입으로 들어가는 음식이 당신을 만듭니다.
당신이 자유롭게 선택하여 먹어 생긴 질병에 대해
하늘이 내린 불운처럼 이야기하지 않기를 바랍니다.

39

분노

분노로 인해 무너지는 사람을 자주 봅니다.

전쟁을 하여 성을 빼앗는 것도 중요하지만,

성을 지키는 것도 중요하며

그런 번거로움이 없도록

분을 이유로 전쟁을 하지 않는 것은 더 중요합니다.

분노를 다스리는 것은

성을 빼앗는 것 이상으로 중요합니다.

장수는 분노로 인해 공격을 하지 말아야 합니다.

분이 나더라도

더 이상의 죄를 짓지 않는 것이 정말 중요합니다.

전쟁터의 활과 창과 포가 당신을 지켜 주겠지만,

분노를 다스리는 것 역시

당신을 지켜주는 진검임을 알아야 하겠습니다.

어떤 순간에도 화를 내지 않겠다고 결심을 하십시오.

조용조용 말로 문제를 해결하겠다고 작정을 하십시오.
그것이 당신의 습관이 되는 순간
당신은 멋진 인격자가 될 것입니다.

40

성공과
실패

이 세상에 완벽하게 불행만 존재하는 사건은 없습니다.

불행에는 행운도 함께 섞여 있습니다.

모든 일에는 이익과 손해가 함께 공존하는 것입니다.

그래서 실패했다고 하여

철저하게 좌절할 필요도 없습니다.

실패와 성공은 가장 가까운 이웃으로 붙어서 다닙니다.

혹시 그대가 지금 실패했다면

현장을 떠나 유리하고 방황할 것이 아니라,

실패한 현장으로 즉시 달려가서

잘 살펴볼 것을 권합니다.

따끈한 실패의 현장에는

성공의 불씨가 타고 있을 테니까요.

두려워하지 마십시오.

벤 버냉키의 말대로 성공은 운이고 시련은 필수입니다.

41

사랑과
증오

사랑하는 곳에서는
그 어떤 악감정도 있어서는 안 된다고
생각하지 마십시오.
사랑하는 그곳에 증오도 함께 있습니다.
거리가 있고 상대하기 어려운 까다로운 사람보다는
가깝고 친하다는 그 핑계로
우리는 쉽게 예의를 잊어버리고
사랑하는 사람에게
상처를 내는 경우가 많기 때문입니다.
그래서 증오는 사랑하는 사람들 사이에서
늘 존재한다는 것을 잊지 마십시오.

42

인간의
본성

반인반수(半人半獸)란 신의 품성을 가진 신성과
짐승의 품성을 가진 수성의
양면을 가진 인간이란 존재의 속성을 일컬을 때
사용하는 말입니다.
어떨 때는 천사의 말을 하며 다가오다가
어떨 때는 악마의 미소를 지으며 다가오는
사람이 무섭기도 하지만
사람은 당연히 꽃보다 아름답습니다.
더러는 사람을 만나 지옥 속을 거닐다가도
가끔은 천국을 맛보기도 합니다.
그대와 내가 살아가는 이유가 되기도 하는
사람이라는 이름을 가진 악기여,
사람은 꽃에 비할 바가 아닙니다.
사람은 정말 꽃보다 아름답습니다.

43

약자의
변명

강한 자는 자신의 행동에 대해

이런저런 설명이 필요하지 않은 자입니다.

그자기 원하는 바를 마음대로 행하지만,

상대가 이런저런 항의도 할 수 없는 그런 자입니다.

강자의 행함은 곧 법이고 규칙이 되고

습관이 되는 경우가 많이 있습니다.

하지만 약자는 반대입니다.

약자는 자신의 행동에 대해

이런저런 이유와 필요를

부지런히 강자에게 이야기해 주어야 합니다.

약자는 말이 많습니다.

자신의 행동에 대해

이런저런 이유와 설명을 하는 것은 약자들의 몫입니다.

44

남자와
여자

로더릭 필립스는 말합니다.
왜 아내 쪽의 정신병은
이혼사유가 되고,
남편 쪽의 광기는
그렇지 못하는가? 하고 말입니다.
전적으로 동의합니다.
나도 앓는 지인들을 곁에서 두고 보아서,
그리고 스스로 광기를 가진 남자이기에
수긍이 갑니다.
하지만 로더릭의 말은
19세기 유럽의 혼인제도하에서 가능한 말일 것입니다.
이제는 시대도 많이 달라졌습니다.
남자의 광기가 다스려지는 시대를
맞이한 것입니다.

이전에 누렸던 남자의 특혜는
곳곳에서 공격을 받거나
여자들보다 못한 것으로 판명이 나고 있습니다.
얼마 가지 않아 왜 남자의 정신병은 이혼사유가 되고
여자의 바람기는
용서되는가를 이야기해야 할 때가 곧 오게 될지도 모릅니다.

45

탐욕과
이기심

이 세상은 탐욕이나 이기심이 지나쳐

결국 망하게 될 것이라고 염려하는 사람들이 많습니다.

하지만 걱정하지 않으셔도 됩니다.

사람들에게는 보이지 않는 조절기능이 있어서

어떤 특정한 사람들이

탐욕이나 이기심의 발동으로 하는 일이

잘 굴러가게 내버려 두지 않기 때문입니다.

상황이 그렇게 되면

인간들은 더 큰 힘을 빌려

특정한 개인이나 집단의 탐욕과 이기심을 다스리며

행위에 관한 책임을 묻게 됩니다.

어떤 탐욕과 이기심이라도

다 그 끝과 심판이 있기 마련입니다.

46

산다는
것

어떻게 보면 세상을 살아간다는 일이
상대의 가슴이나 자신의 가슴에
힘겹게 못을 박아대는 일처럼 느껴질 때가 많습니다.
어제는 내가 살기 위하여
상대의 가슴에 사정없이 못을 박아
그 사람을 다치게 하였습니다.
오늘은 몸부림치는 상대가 보기가 안타까워서
내 가슴에다가 대고 스스로 못을 박습니다.
이래저래 사는 것은
서로의 가슴에 힘겹게 못을 박아대는 일 같아
가슴이 아픕니다.

47

여자의
내숭

언젠가 악어가 밖으로 눈을 내밀어
눈물을 흘리는 시늉을 하다가 먹잇감이 다가오자
사정없이 물어뜯는 모습을 본 일이 있습니다.
여자들에게는 성실한 남자가 필요합니다.
자신을 보호하고 아이를 양육해 나가기 위해서는
성실하고 일관성 있게
자신을 위해줄 사람이 필요합니다.
이를 위해 여자는 얼마나 신중한지 모릅니다.
여자들은 때때로 악어처럼 내숭과 눈물로
남자의 성실성을 시험하기도 합니다.
남자들은 그것도 모르고 먹잇감이 되고 맙니다.

48

사람의
미덕

사람이 하지 말아야 할 일 중에
가장 중요한 것이 무엇인지 아십니까.
그것은 포기를 하지 않는 것입니다.
그것이 피조물의 미덕입니다.
피조물은 자기가 스스로 자신을 만들지도 않았고
누군가에 의해 만들어진 존재이므로
끝까지 주어진 삶을 이어가야 합니다.
그러기에 세상에서 손가락질을 받으며 살더라도
자신이 언젠가는 꽃으로 피어나는
내일이 있다는 믿음도 버리지 말아야 합니다.
마크트웨인의 말처럼
우리의 존재는 마치 달과 같아서
모두가 타인에게 비밀로 하고 싶어하는
어두운 면을 가지고 있습니다.

별스런 일이 아닙니다.

그런 사실을 인정하고 받아들이면 됩니다.

그렇다고 하여 생을 어둡게 볼 이유가 없습니다.

사람이 할 수 있는 가장 소중한 일은

결코 자신을 포기하지 않는 일입니다.

49

암컷의
단순함

특이한 것은 사람의 관심을 끌기 마련입니다.
동물의 세계에도 흔한 일이지만
암컷은 이상한 수컷에게
관심을 두는 경향이 있습니다.
수컷은 큰 것 한 방을 노리느라
헛발질을 계속해댑니다.
암컷은 이러한 수컷을
의혹의 눈으로 바라봅니다.
암컷은 이상한 수컷의 주변을 서성거리면서
제 딴에 관심을 보이는 척하고 위로를 한답시고
연민을 하다가 자신이 먹히는 줄을 모르게 됩니다.
암컷은 이러한 호기심 때문에
결국 수컷에게 스스로 발목 잡히게 되어
나중에는 평생 신세 한탄을 늘어놓게 됩니다.

50

꽃보다 서러운 것이
사람입니다

앞서 꽃보다 아름다운 것이 사람이라고 했지만
여기서는 반대되는 이야기를 해야겠습니다.
꽃보다 서러운 것이 사람이라고요.
봄날 공원을 걷다가 갑자기 이런 생각이 들었습니다.
철을 만난 개나리와 왕 벚꽃이 만개해서 보기가 좋았습니다.
이런 꽃나무들이야 봄이 오면
철마다 다시 꽃을 피우지만,
때를 한 번도 못 만나 쓰러지는 쓸쓸한 인생이
얼마나 많은가를 생각해서 하는 말입니다.
웅덩이에 말라져 가는 저 갈대처럼
허망한 것이 사람이 사는 지상의 날들이며
꽃보다 서러운 것이 사람이라는 생각이 드는 것은 왜일까요.
아마도 오늘은 내가 처한 상황이 어렵다고 느껴져서
그럴지도 모르겠습니다.

사람은 상황과 처지에 따라

시시각각 여러 가지 감정을 가지면서 살아갑니다.

얼마 전 기분이 좋았을 때는

사람이 꽃보다 아름답다고 말했다가,

오늘처럼 우울한 날이면

사람은 꽃보다 서럽다고 말하게 되는 것이지요.

그것이 우리들의 삶입니다.

어느 것이 틀리고 옳고 하는 문제가 아닙니다.

늘 삶에는 성쇠의 부침이 있기 마련입니다.

51

간단한
지식

결혼을 앞둔 사람들이나 결혼생활을 하는 사람들도

모두 이구동성으로 입을 모아

성공적인 결혼에 관해 이야기합니다.

성공적인 결혼이란 어떤 것일까요.

내가 아는 한 성공적인 결혼은 하늘에서

뚝 하고 떨어지는 것이 아니라는 것쯤은 알고 있습니다.

성공적인 결혼을 정의하라면

여러 가지 종류가 있을 것입니다.

하지만 확실하게 이야기할 수 있는 것은

성공적인 결혼이 어떤 형태의 것이라 해도

그것은 두 배우자가 노력한 결과일 것이라는

신념에는 변함이 없습니다.

그대의 배우자와

친근감을 잃지 않도록 노력하고 유의하십시오.

52

자녀
교육

부모는 오리 알을 품고 있는 암탉입니다.

월터 트로비시의 말입니다.

처음 이 말을 듣고는 어떻게도 부모와 자식과의 관계를

이렇게 잘 표현했을까 하는

생각이 들어 웃음이 절로 나왔습니다.

그리고 한 참 뒤에는 맞아, 맞아 다 내 잘못이야

하는 한탄으로 이어졌습니다.

아이가 어려서 한창 사랑을 받고 커야 할 시기에

무언가 사랑이 부족해서 어긋난 행동을 하는 것으로

여겨졌기 때문입니다.

하지만 그렇게 자책만 하지 마십시오.

자식이란 어차피 자신을 낳아준 부모를 부정하면서

독립해 나가는 것입니다.

자신의 존재를 독립시키기 위해

부모는 그 아픔을 감수해야만 하는
운명을 가진 존재인지는 모르겠습니다.
부모라는 이름은 어차피
자식으로부터 홀대를 받을 수밖에 없는
아이러니의 운명을 가졌다는 말이지요.
모든 것을 다 주고도 모자라 자기 몸까지
다 내어 주며 죽어가는 가시나무새의 심정을 알 듯합니다.

53

모든 일에는
때가 있습니다

모든 일에는 때가 있습니다.

그것이 만물의 이치입니다.

서로 좋아 사랑할 때가 있는가 하면

서로를 버리며 비난하고 원수가 되어 버릴 때가 있습니다.

어떤 때는 좋아 신명이 나서

춤을 추는 때가 있는가 하면

어떤 때는 풀이 죽어

종일 방에서 틀어박혀

자신의 처지를 슬퍼할 때가 있습니다.

오늘은 병원 창밖을 통해 눈이 내린 풍경을 보며

수술을 기다리며 내 지지자들이 사는

일상의 집으로 돌아가기만을 간절히 바라는 때입니다.

지금 그대의 삶이 힘이 듭니까?

그리고 어려워 하소연하고 싶거나 울고 싶습니까.

너무 크게 상심하지 마십시오.

아직 그대의 때가 오지 않았을 뿐입니다.

분명 언젠가 그대가 반짝반짝 빛나는

그런 때가 올 것을 믿으십시오.

어려운 때에 속지 마십시오.

그것이 당신 인생의 일부분이며

지극히 작은 한순간일 뿐입니다.

54

요리사

세상이 많이 달라지기는 했지만,
아직도 요리사는 그가 하는 일에 비해
저평가되어 있다고 생각합니다.
우리가 정치가와 의사와 학교의 선생님들은
그 존재의 가치를 인정하면서도
우리 입으로 들어가는 음식을 만드는
요리사의 소중함을 잘 모르고 있지는 않습니까?
그저 적당히 음식값을 지급하면 된다고
생각하는 경향이 있지는 않습니까.
요리사는 우리 시대의 존경받는
훌륭한 리더들과 마찬가지로 존경을 받아야
마땅한 존재라고 생각합니다.
어떤 직업보다 사람의 생명을 만드는데
이만큼 이바지하는 직업이 또 어디 있을까

하는 생각을 해서 그러는 것입니다.

훌륭한 정치가와 마찬가지로

음식을 만들어 내는 사람이

낮게 평가받아야 할 아무런 이유가 없습니다.

요리의 중요성을 깨달았다면

가족을 위해 건강한 요리를 만들어 대접해 보십시오.

특히 남편이 아내나 아이들을 위해

요리를 해서 가족을 즐겁게 만들어 보십시오.

그것보다 더 매력 있는 일이 어디에 있겠습니까.

55

때로는
무섭게

인생은 드라마고 매 순간이 연출이라는 말이 생각납니다.

인생의 힘듦을 비유하기를

누구는 사막과 같다고 하고,

누구는 파도치는 고통의 바다라고

표현을 하기도 합니다.

사막을 지나고,

고해를 항해하려면 때로는

순간순간 연출을 해야 할 필요가 있습니다.

어떤 연출을 해야 하는가? 에 대해 고민을 합니다.

세상이 험하다 보니

어떤 때는 본의 아니게

상대가 보기에 무섭게 행동을 하기도 해야 하고,

또 어떨 때는 인색하게 굴면서 살아야 할 때가 있습니다.

"사랑받는 것보다 무섭게 여겨지는 편이

군주로서 안전한 선택이라고 말하고 싶다.

왜냐하면, 인간은 무서운 자보다

사랑하는 자를 사정없이

헤치는 경향이 있기 때문이다.”

마키아벨리의 말입니다.

그리고 덧붙여

가능하다면

인색하다는 평가를 받는 편이 좋을 때가 있습니다.

누가 저 사람 좋은 사람이라는 평을 받으려 하지

인색하다는 평가를 받기를 원하겠습니까?

하지만 인색한 것은 자신뿐만 아니라,

타인을 곤란하게 만들지는 않습니다.

움켜진 것을 다 펴지 마십시오.

오히려 후일을 위해 당신의 손을 오므리시기 바랍니다.

그것이 남에게 베풀기 위해

오므리는 것이라면 얼마나 좋겠습니까.

56

사랑은

여기 한 의사가 있습니다.

종일 일을 한 까닭에 지친 몸을 이끌고

바다 건너에 있는 위중한 환자를 돌보기 위해

폭풍우 치는 바다를 건너가는 의사가 있습니다.

오로지 그에게는 몸의 피곤함도

항해의 어려움도 도외시한 채

오로지 환자를 살려야 한다는 일심뿐입니다.

사랑은 의사가 환자에게 가지는

이러한 일심과도 같다고나 할까요.

사랑은 고단한 육신을 이끌고

먼 길을 달리고 항해하여

자신이 필요로 하는 한 사람을 만나러 가는 일입니다.

사랑은 일심입니다.

병들어 죽어 가는 생명을 자신의 혈육으로 여기며

폭풍 속을 뚫고 달려가는 것입니다.
사랑에는 언제나 목숨을 걸어야 합니다.
오해와 질시에 온몸이 서러워도
나 하나만은 흔들리지 말아야 합니다.
사랑은 좀 무식하게 해야 합니다.
그리고 사랑은 전투하듯 그렇게 해야 합니다.
오직 그대 하나만을 위한 사랑은 말입니다.

57

말의
한계

"아는 사람은 말하지 않고
말하는 사람은 알지 못한다(知者不言, 言者不知)."
노자(老子)의 말입니다.
아는 사람은 생각이 깊습니다.
무엇에 대해 안다는 것이 간단하지가 않기 때문입니다.
그래서 모르는 사람이 물었을 때
잘 아는 사람은 거기에 대해
오히려 답변을 잘하지 못하고 머뭇거릴 때가 많습니다.
그가 머뭇거리는 것을 보고
그런 것도 모른다고 핀잔을 주는 경우가 있습니다.
반대로 꼭 같은 질문을
그것에 대해 잘 모르는 사람에게 물었을 때에는
대답이 바로 시원스럽게 날아옵니다.
그렇다고 하여 그 사람이 앞선 사람에 비해서

더 잘 알고 있다고 말할 수 없습니다.

쉽게 말한다는 것은

그 전체의 전모를 알지 못하고

그만큼 고민하지 않았을 경우가 많습니다.

말로 표현하는 것이 다가 아닙니다.

말은 일부분을 상징적으로 정의할 뿐입니다.

정말 무엇에 대해 잘 아는 자는 입을 닫습니다.

모르는 사람은 이런저런 형용으로 표현합니다.

58

예술과
사랑

예술과 사랑은 닮은 구석이 많습니다.

그것은 예술과 사랑 모두 사람들이

이해할 수 없는 구석들이 많다는 것입니다.

사랑은 어떤 허물도 다 덮을 수 있습니다.

사랑만 한다면

어떤 걸림돌도 돌파할 수가 있습니다.

그 점에 있어서 예술도 마찬가지입니다.

돌파할 수 없을 듯이 보이는 난관도

예술의 이름으로 뚫어낼 수 있습니다.

그 힘이 어디서 나오는지는 알 수 없지만,

예술에는 그런 마력이 있습니다.

힘이 들 때 힘이 든다고 좌절하거나

실의에 빠진 것보다

그것을 시나 노래, 음악과 영화로 만들어 낸다면

그 난관을 훨씬 더 잘 극복해 나갈 수 있는
이치와도 같습니다.
이렇듯 예술가들은 세상의 난관을
사람들이 이상히 여기리만큼
쉽게 돌파할 수 있는 힘을 가진 사람들입니다.
예술가 중에
행정의 달인과 정치의 달인들이 있습니다.
이런 연유로 아마 예술가가
행정과 정치의 영역에서도
두각을 나타내는 모양입니다.

59

사람의
성격

우리는 사람의 성격을 너무나 쉽게 판단하고
낙관하는 때가 있습니다.
그래서 때로는 당황하거나 실망하는 경우가
많이 있게 됩니다.
한번 형성된 사람의 성격이나 태도는
웬만해서는 바꾸기가 어려운 것인데도
이를 간과하는 것입니다.
어떤 사람이 평소에 보였던 성격과 태도가
마음에 안 들었다고 합시다.
그런 그가 한순간 어떤 호의를 보이거나
내가 좋아하는 선물을 주었다고 하여
그가 갑자기 나에게 품었던
안 좋은 악의가 사라진다고 생각하면 큰 오산이며
순진한 생각입니다.

사람의 성향은

거의 변화되지 않는다고 보면 맞습니다.

존재의 정체성을 위협하는 아주 큰 충격이나

변화의 계기가 없다면

한번 형성된 성격은 변화되지 않습니다.

누구한테 선대를 하고

그가 악한 마음을 돌이킬 것을 기대하다가

종전 그대로 행동하는 것을 보고 실망을 하셨나요.

그것은 실망하실 일이 아니라

당연한 일이라고 여겨야만 합니다.

60

영생하는
비법

지금은 아파트에서 살고 있어서 잘은 모르지만

한때는 마당 있는 집에서

살았던 때가 있습니다.

마당에서 사라고 있던 목련을 바라보며

많은 것을 배울 수 있었습니다.

목련은 초봄이 오기 전

이미 바람이 차가운 겨울에서부터

꽃봉오리를 준비하고 있었습니다.

꽃봉오리를 따서 그 속을 들여다보면

수십 겹의 꽃잎들이

봄을 준비하고 있음을 알 수 있습니다.

겨울의 찬 기운이 가시기도 전인 초봄 무렵

이미 목련은 순결한 흰 꽃망울을 피우고

봄이 올 때면 서둘러 꽃잎을 떨구면서 먼 길을 떠납니다.

목련나무 잎이 떨어저 번색이 되거나

벌레가 먹었을 때는

목련의 모든 생은

그것으로 끝이 났다고 생각이 들어 씁쓸했습니다.

그 후 나는 목련이라는 존재는

까맣게 잊어버리고 한동안 정신없이 살았습니다.

그러던 중 어느 여름날 무더위를 피해

마당으로 나갔다가

목련을 보고 나는 넋을 잃어버리고 말았습니다.

그곳에는 지난 봄날 마치 미친 여자처럼

자신의 꽃잎들을 다 버렸던 목련이

무성한 잎들을 달고 산발을 한 채로

하늘을 향해 돌아 서 있는 당찬 모습을 하고 있었습니다.

화려한 목련의 부활이었습니다.

꽃을 버리고 무성한 잎을 단 목련의 변신이었습니다.

나는 그 모습을 보고 있자니

눈물이 다 나올 지경이었습니다.

버릴 때 사정없이 버리는 것도

영생하는 길임을 알았기 때문입니다.

61

삶의
이치

고향으로 가기 위해 가끔씩
경부선 하행과 상행을 오르내립니다.
군대시절에도 휴가길에 기차를 타고
상행과 하행을
부지런히 오르내리던 일이 생각납니다.
나는 그때 기차를 타고
상행선과 하행선을 오르내리는 일이
인생이라고 생각을 했습니다.
부산에서 수원으로 가며
내 옆에는 밀양까지 간다는 새댁이 앉았는데
어깨가 닿은 일이 부끄러운지 얼굴을 붉혔습니다.
맞은편에 신문지에 떡을 싸온
할머니 한 분은 싸 가지고 온 떡을
사람들에게 나누어 주느라 분주합니다.

비교적 차내가 한산한 목요일 오후.
부산발 서울행 상행 열차가 추풍령의 산자락을 가르고
달려갈 때 창가에는 정자 같은 비를 뿌렸습니다.
사는 일은 기차를 타고
상행선과 하행선을 오르내리는 일입니다.
그러면서 늙어 가는 것입니다.
살아가노라면 젊을수록 부끄러운 일이 많으며,
나이 들수록 베풀어야 하는 일이
이 땅의 일인지도 모르겠습니다.

62

감사

아침 출근길 맑은 공기를 맞으며
거리로 나서면 입에서 저절로
감사의 말이 새어 나옵니다.
"감사합니다. 감사합니다. 감사합니다.
저같이 부족한 사람을 지금까지 먹이고 입히시고
가족까지 주셔서 돌보게 하시니 정말 감사합니다."라는
말이 저절로 새어 나옵니다.
'나'라는 존재의 보잘것없음을 생각하건대
이 무섭고 깊은 세상 속을
오늘까지 살아내는 것을 보면
감격스럽기까지 한 것입니다.
어떤 때는 "지금 이 순간만으로도 족하니
나의 패를 흩지 마십시오." 하고
하늘을 향해 감사의 독백을 지을 때도 있습니다.

나의 부족함을 알고, 내가 누리는 것의 족함을 알면
만사가 감사로 넘쳐나게 됩니다.
"하나님이 너를 압박하시면 그분께 감사하고,
하나님이 너를 풀어 주시면 다시 감사하라."
독일의 문호 괴테의 말입니다.

63

버려질
때

문산과 서울역 사이를

한 시간에 한 대 오가는

경의선 열차가 다니던 시절이었습니다.

그 당시 깅매역(江梅驛)은 역사가 없는 간이역이었습니다.

하루는 출근을 위해 역에 나갔을 때

열차는 간이역을 막 떠났고

사람들은 차에 매달려

저만치서 떠나가고 있는 모습이 보였습니다.

그런데 서울로 통학한다는

초등학교 삼 학년 계집아이가

어른들처럼 열차에 매달려 함께 가지 못하고

소리 내어 서럽게 울고 있었습니다.

나는 그 초등학생에게

너는 초등학생인데 경기도에서

왜 서울로 등교를 하느냐고 물으니까
부모님께서 그렇게 하라고 해서
그랬다면서 눈물을 글썽이며 말했습니다.
초겨울 이른 아침 안개가
스멀스멀 피어나는 빈 들녘에서
열차를 놓친 초등학교 3학년 계집아이가 울고 있었습니다.
나는
"울지 마라, 곧 다음 차가 오니
아저씨하고 함께 가자."
하고 달래면서 이야기를 나눈
그 시절 강매역이 지금도 눈에 선하게 떠오릅니다.
역사도 없는 강매역.
하얗게 내린 찬 서리 위로
바람에 나부끼는 억새풀이 눈부시도록 아름다웠습니다.
모두가 떠난 쓸쓸한 간이역,
어린 초등학생에게는 서러운 일이겠지만
어디 우리가 버려지는 날들이 오늘 하루만이겠습니까.
찬바람을 서걱대며 우울한 기억을 사정없이
강매(强賣)하는 12월의 강매역(江梅驛)이었습니다.

64

사람을
사귀려면

사람은 사람을 만나야 합니다.

독불장군이 없으며

우리는 누군가와 관계를 맺고

소통을 하며 살 때 비로소 사는 보람을 느끼게 됩니다.

괴로움 중에 상고(上苦)가 혼자 밥을 먹는 것이며

하소연할 때가 없는 경우입니다.

사람은 사람을 사귀고 만나야

비로소 사람구실을 할 수가 있습니다.

사람들이 동창회다, 동호회다, 향우회다 하면서

이리저리로 몰려다니는 것은

모두 소외되고 외로운 것을 두려워하기 때문입니다.

또 어떤 사람은 사람을 사귀는 것을

몹시 어렵게 생각하고 엄두를 못 내는 경우가 많습니다.

그 사람에게는 사람을 사귀고

상대하고 그 관계를 유지해 나가는 일이

매우 지난한 일로 여겨지기 때문입니다.

사람들은 모두 나와 같지 않습니다.

많은 사람을 만나는 좋은 방법이 있습니다.

그것은 사람을 사귀기 위해 노력하기보다,

일을 만들면 저절로 친구들이 모여듭니다.

그것도 사람을 살리는 좋은 일에는

더 많은 사람이 몰려들게 됩니다.

좋은 일을 많이 도모하십시오.

좋은 사람들을 한꺼번에 만날 수가 있습니다.

65

삶이
아름다워지려면

일상이 전장처럼 느껴지고 위기가 엄습할 때면

격렬하게 전쟁을 해서 이긴

승전의 격전지를 찾고는 합니다.

과거 수백 년 전 피 튀기던 전장의 격전지는

지금에는 버려지고 관심을 두지 않은

변방인 경우가 많습니다.

과거 승리한 전장의 역사를 통해

현재 곤고함을 이겨내는 영감과 에너지를

받기 위해 힘이 들 때면 가끔 격전지로 달려가 봅니다.

덕포진(德浦津), 퇴근길 직장을 나와 50km를 달려와

도착한 곳입니다.

병인년과 신미년에는

프랑스함대와 미국함대를 물리친 격전지였습니다.

당시 격렬했던 전장은

노인 부부 두 명만이 쓸쓸히 산책하고 있는
한가한 변방입니다.
누가 이 시간 이곳까지 찾아올 사람도 없습니다.
사람들은 과거의 역사에 관심이 없기 때문입니다.
종일 하루를 달군 불덩이가
붉게 포구를 물들이며 서산으로 넘어갑니다.
나는 마치 이상한 이양선(異樣船)이
출몰하는 듯한
도시의 일상에서 쓰러지지 않기를 다짐하며
노을 진 포구를 걷습니다.
당신은 아는지 모르겠습니다.
생이 아름다워지기 위해서는
얼마나 많이 눈물지으며
외로워해야만 하는가를 말입니다.

66

삶은
과정입니다

언젠가 눈이 내리던 겨울날,

해운대 달맞이 고개 밑에 있는

청사포를 찾아간 때가 있었습니다.

친구 두 명과 함께 해운대에서 걸어

청사포를 가는 길은 즐거운 여정이었습니다.

청사포는 말 그대로

푸른 모래사장이 끝없이 펼쳐진

낙원과 같은 곳일 것이라고 상상했습니다.

달맞이 고개를 넘어 청사포가 있는

아래쪽을 바라보니 끝없이 펼쳐진

태평양의 바다가 눈에 들어왔습니다.

하지만 정작 우리가 청사포에 도착했을 때는

거기에는 마땅히 있어야 할

푸른 모래톱은 없었습니다.

거기에는 시멘트 구조물로
막아놓은 방파제가 하나 있을 뿐
모래사장은 눈을 씻고 찾아보아도
구경조차 할 수 없었습니다.
다만 그곳에는 잔뜩 그리움만 있었습니다.
지금 생각해 보면 청사포는
그곳까지 친구들과
함께하는 여정이 아름다웠을 뿐입니다.
설레는 마음으로 달맞이 고개를 넘어서
파도치는 바다로 달려 내려가면
동해로 달리는 철로 변에
이국 풍경의 마을이 하나 있었습니다.
우리가 살아가는 인생이라는 것도
어떻게 보면
청사포를 찾아가는 일인지도 모릅니다.
많은 꿈을 가지고 기대하면서 살아가지만
결국에는 티끌 먼지가 되는
허망한 것이 삶의 실체이기 때문입니다.
그래서 삶에서는 과정이 중요합니다.
결과는 아무것도 없습니다.
살아가는 과정이 얼마나 아름다웠고,

의미가 있었느냐만 남을 뿐입니다.

한순간 한순간 살아가는

당신의 삶의 여정이 바로 인생입니다.

기억하십시오.

산다는 것은 청사포와 같다는 것을 말입니다.

푸른 모래톱을 찾아 나서는

눈부신 환상의 여정일 뿐입니다.

청사포에는 정말 푸른 모래톱이 없습니다.

67

사람의
어리석음

이 세상에 태어난 생명은

다 각자가 가야 할 길이 있어 그 길을 찾아갑니다.

우리가 아주 미미하게 여기는

미물들도 다 가야 할 길들이 있어 그리로 찾아갑니다.

사람들은 부지런히 길을 냅니다.

그래서 사방 천지에 그렇게 많은 길이 나 있는 것입니다.

뱃길에도 수많은 항로가 있고,

철길도 여러 가지의 선로가 있으며

고속도로와 지하철에 이르기까지 수많은 길이 있습니다.

누가 이 많은 길을 만들었는지는 다 알 것입니다.

그것은 바로 사람들입니다.

그러나 얼마나 앞뒤가 안 맞는 일인지 모릅니다.

지상에 살아가는 모든 것에겐

가야 할 자신들만의 길이 있습니다.

한갓 미물들은 배우지 않고서도

모두 제 갈 길을 잘도 갑니다.

하지만, 하지만 말입니다.

만물의 영장이라고 큰소리를 쳐대면서도,

세상의 온갖 길들을 다 만들었음에도

갈 길을 몰라 헤매고

방황을 일삼는 것은 오직 사람들뿐입니다.

68

소중한 것

사람은 예의가 있어야 합니다.

당신에게 소중한 것들은 무엇이 있나요.

친구, 배우자, 부모님, 스승, 동료, 고향…….

사람에 따라 소중한 것들은

아주 많이 다양하게 존재할 것입니다.

아마도 소중한 것들은

오늘날 당신이 존재할 수 있도록

헌신적으로 도와준 것들이 아닐까 생각합니다.

사람이 사람인 것은 은혜를 잊지 않는 데 있습니다.

사람이 개, 돼지와 같은 축생과 다른 것은

은혜를 잊지 않고 보은을 할 줄 알기 때문입니다.

사람의 됨됨이를 평가하는 기준은

얼마나 은혜에 보답하려고 노력하느냐 하는 데 있습니다.

사람은 양심이 있어

은혜에 대해 보답하지 못하면

양심에 가책을 느끼며 괴로워합니다.

당신의 주변을 둘러보십시오.

당신의 오늘을 있게 한

당신의 배우자, 부모, 스승, 친구, 은인과 같은 존재들은

지금 어디에서 무엇을 하고 있는지 알고 있습니까?

그들에게 가끔씩 안부를 전하곤 합니까?

만일 그렇지 못하다면 그대는 나중에 울게 될 것입니다.

소중한 것들을 그렇게도 멀리 두고

편지 한 장 전화 한 통 없이

해와 달이 뜨고 지도록 내버려 둔다면 말입니다.

찬바람이 불어오고 산새가 우는 어느 날 아침

당신은 그 사람들의 마지막 소식을

전해 듣게 될지도 모릅니다.

그러면 그때 당신은 비로소

후회의 눈물을 흘리게 되는 날이 올 것입니다.

하지만 그때는 이미 늦었습니다.

지금 고개를 들어 당신의 주변을 한번 돌아보십시오.

그리고 전화하고 편지하십시오.

감사하다고 말하십시오. 아직 늦지 않았습니다.

69

빛은 다
갚아야 합니다

살면서 이런저런 빚을 지고 삽니다.

내가 빚을 낼 수 있음은 감사한 일이었습니다.

등록금을 내지 못해 아이가 휴학해야 할 때

선뜻 고마움을 전한 손길이 있었습니다.

중병에 걸려 괴로워할 때

치료비를 대어 준 고마운 이가 있었습니다.

쓸쓸히 죽어간 자를 위해

장례를 치러 준 사람도 있습니다.

어디 이것뿐이겠습니까.

금전적인 빚 말고 사랑의 빚을 진 일도

너무나 기억에 남습니다.

만학의 어려움을 아시고 학문에 도움을 준 스승이 있었습니다.

나보다 나를 더 사랑해

자신마저 송두리째 내어주고

당신은 한데 나가 떤 어머니가 있었습니다.

누명을 벗겨주려다

친구의 누명을 뒤집어쓴 사람도 있습니다.

이런 금전과 사랑의 빚으로 말미암아

세상은 살 만한 가치가 있는 것입니다.

아아, 어디선가 찬바람이 불어옵니다.

계절은 바뀌어 다시 겨울로 달려갑니다.

이럴 때면 더 열심히 살아야겠다고 다짐해 봅니다.

그리고 내가 이 땅에서 받은

다른 사람의 빚은 꼭 갚을 수 있게 되기를 기도합니다.

만일 한 푼이라도 한주먹의 사랑이라도

남김없이 갚지 않고서는

이생의 삶이 후회스러울 것 같아 그러는 것입니다.

금전의 빚은 물론이고

사랑의 빚마저도 후하게 갚으며 살고 싶습니다.

70

개미에게서
인생을

"게으른 자여 개미에게 가서
그가 하는 것을 보고 지혜를 얻으라.
개미는 두령도 없고 감독자도 없고
통치자도 없되 먹을 것을
여름 동안에 예비하며
추수 때에 양식을 모으느니라."
성서 잠언에 나오는 말입니다.
요즘 흔히 멘토(Mentor)니 멘티(Mentee)니 하는 말을
흔하게 들을 수 있습니다.
세상을 헤쳐나갈 지혜와 용기를 주고
모범이 되는 전범을 찾기 위해
많은 노력을 기울이는 세태입니다.
개미를 내 삶의 스승으로 삼아야 하겠습니다.
이것 하나만 충실히 배워도

다른 사람에게 아쉬운 소리를 하며

손을 벌리지 않아도 되며,

필요한 사람에게

나누어 줄 수 있게 될 것이기 때문입니다.

돈을 잘 벌게 해달라고 좋은 투자처를 찾아서

동분서주할 것이 없습니다.

내가 쓸 것을 위해서는

손을 오므리고

한겨울의 베짱이들을 위해서는

손을 펼치는 삶을 살고 싶습니다.

뜨거운 여름에는

추운 한데의 겨울을 생각해

예비하는 가운데 열심을 다하며

추수의 계절에는 양식을 모으는

단순한 개미의 지혜를 배워야 하겠습니다.

71

숯가마

암에 걸린 어느 후배가

병을 치료하기 위해 이곳저곳을 기웃거리다가

숯이 좋다고 하여 숯가마로 들어가서

6개월간 지냈다고 합니다.

그곳에서 6개월을 보내는 동안

거짓말처럼 암 덩어리가 다 녹아내려 암이 없어졌습니다.

참나무를 가득 채우고

3일을 연이어 불을 땐 후

입구를 열자 그곳에는 숯이 아니라,

황금색으로 변한 금덩이가 있었습니다.

분명 그것은 나무를 태운 숯덩이가 아니라,

번쩍번쩍 빛나는 금덩어리였습니다.

그 진노란 숯덩이를 바라보는 일은

황홀하기까지 했습니다.

불이 소리를 내어 운다는 것을

그때 처음 알았으며,

불이 불춤을 춘다는 것도 그때 알았습니다.

가마 속에서 1,800도의 고열로 구워지는 숯덩이는

쳐다보는 이로 하여금 엄숙함을 느끼기에 족했습니다.

그것은 마치 영감을 주는 정령들처럼

느껴지기도 했습니다.

아픈 자들의 염증을 삭아지게 하고,

언 자들의 가슴들을 녹여내자면

100%의 순도로 타지 않으면

안 된다는 사실을 깨달았습니다.

나는 언제 한 번 저런 혼절함으로

나 자신을 태운 적이 있는가, 하는 것을 생각했을 때

조금씩 부끄러워지기 시작했습니다.

내 영혼을 모두 태우는

저런 불의 춤을 추지 않고서는

어느 사람에게도 감동을 줄 수가 없다는 생각이 들었습니다.

72

내가
서고자 하면

"자기가 서고자 하면 다른 사람을 세워 주고
자기가 이루고자 한다면 다른 사람을
이루게 해야 한다(己欲立而立人 己欲達而達人)."
공자(公子)의 말입니다.
내가 서고자 하면 내가 남을 밟고 올라서는 것이 아니라
남을 세워 주어야 하며,
내가 이루고자 한다면 내가 먼저 이루는 것이 아니라
다른 사람을 이루게 해야 한다는 말입니다.
사람의 마음은 거의 비슷합니다.
모두가 남보다 먼저 서고, 먼저 이루기를 바랍니다.
하지만 내가 앞을 다툰다고 하여
내가 설 수 있고 이룰 수 있는 것이 아님을 알아야 합니다.
공자님의 말은 지극히 합당한 말씀으로 들리나
이것을 실천하는 일이 참으로 어렵습니다.

인(仁)이라는 것은
이렇게 예의를 따지며 느리고 점잖은 것입니다.
하지만 인(仁)은
마귀의 궤계와 인간적인 계산을 이겨내는
고차원적인 처세법입니다.
범부들이 공자님의 말씀을 곧이듣고
실천한다는 것은 지난한 일입니다.
하지만 내일의 희망을 바란다면
꼭 실천해야 할 일이기도 합니다.

73

이기심의
미학

자본주의는 인간의 이기심을 이용하여

굴러가는 경제체제입니다.

지금까지 자본주의만큼

인간의 이기심을 잘 이용한 체재는 없었습니다.

자신의 유익을 위하려는 이기심은

이곳저곳에서 많은 문제를 일으키기도 합니다.

하지만 인간의 이기심만큼

은밀하고 교묘하고 강력한 것도 없으며

세상을 이렇게 윤택하게 만든 것도 없습니다.

누구도 인간 이기심의 그 깊이와 응용을 알 수가 없습니다.

그 정도로 이기심은 오묘한 재주를 가지고 있습니다.

이른 새벽부터 여기저기 사람들이

나와 자신들의 채소와 과일들을 가꾸기에 열심입니다.

새벽잠도 없이 밭에 나와서 물을 길어

붓고, 잡초를 뽑고, 약을 치고
지주대를 세우느라 분주한데
누가 하라고 한 것은 아니지만
이른 새벽부터 저렇게 열심일 수 없습니다.
옛날 로마에서는 전쟁에 나가서도
그 승리를 개인에게 돌렸습니다.
로마의 원로원은 장수들의 이기심을 충족시켜 주면
승리를 쟁취한다고 생각하여
개인의 이기심을 이용할 줄 알았던 모양입니다.
이기심은 비난받아야 하는 것이 아닙니다.
어떤 경우에는 적절히 이용해서
원하는 바를 이루는 데 이바지하도록 사용해야 합니다.
자리이타(自利利他)라는 말이 있습니다.
나를 먼저 살찌운 뒤에야 남을 이롭게 할 수 있다는 말입니다.
이것은 모든 생명에 부여된
지극히 정상적인 명령이자 윤리라고 생각합니다.
내가 먼저 충만해야 아픈 이웃들이 보입니다.
먼저 당신을 살찌우십시오.
당신이 아니면 자신을 잘 돌볼 사람이
세상에 또 누가 있겠습니까.

74

인생은
일기예보

인생은 일기예보와도 같습니다.

비가 오다가 그치며 갑자기 눈이 내리고

강풍이 불다가

다시 따스한 햇볕이 들기도 하기 때문입니다.

우리가 이 사실을 안다면

세상을 살아가는데 큰 위안을 얻을 수가 있습니다.

오늘의 천둥·번개는 반드시 끝이 있으며

곧 잦아들다가 날이 개는 것을 알기 때문에

어둠 속에서도 참고 인내하며

소망을 가질 수 있기 때문입니다.

모든 것이 일기예보처럼 한순간이고

아무리 어려운 때와 시절도 다 지나가기 마련입니다.

시인들의 놀라운 감수성은 대단합니다.

시인은 인생의 부침과 흥망성쇠,

낮과 밤의 교차를 이미 체득해 버린 것입니다.

조선조의 시인 신흠은 노래했습니다.

"세상에 안개가 끼지 않는 아침이 없지만,

그 안개가 아침을 어둡게 만들지는 못하며

세상에 구름이 끼지 않는 낮이 없지만,

그 구름이 낮을 밤으로 만들지는 못한다."라고 말입니다.

그래서 우리는 오늘의 처지가 어렵더라도

인내하며 내일의 소망을 꿈꿀 수 있습니다.

75

절대적인 것은
절대로 없습니다

사람이 만들어 가는 세상에 완벽함이란 없습니다.

어떤 사람은 완벽주의자라고 하며

완벽을 추구한다고 하나

모두가 듣기 좋으라고 하는 말입니다.

절대적인 것은 이 세상에 절대적으로 없습니다.

모두가 상대적이고 가변적인 것들입니다.

완벽한 것은 생명의 영역에서는 존재하지 않습니다.

그렇기 때문에 유한한 것들은

늘 불완전하며 실수투성이고 결점이 존재하며

서글퍼하여 눈물을 흘리는 것입니다.

완벽한 것은 인간의 영역이 아닙니다.

완벽한 그것은 신의 영역이라고 생각하면

마음이 편할 것입니다.

완벽하려고 노력하는 것이 인간의 소임입니다.

따라서 사람은 완벽하지 못한 데 대한

변명을 할 수 있으며,

완벽하지 못한 데 대해

얼마든지 용서를 받을 수 있습니다.

그리고 사람이 완벽하지

못함을 탓하는 사람이 있다면

그 사람은 무엇을 잘 모르는 사람입니다.

세상에 완벽한 것은 없다는 사실을 알았기에

우리는 완벽하지 못한 것들을

기회 있는 대로 몇 번이고

보완할 수 있어야만 합니다.

그래서 완벽에 가까운 모습을 향해

달려가면 되는 것입니다.

76

사는 것은
기 싸움입니다

사는 것은 기(氣) 싸움 같습니다.

기 싸움에서 밀리면 실전에서 지는 경우가 많습니다.

기라는 것이 실제로 있는지는 모르겠으나

기가 센 사람이 있다는 것은

일상에서 쉽게 피부로 느낄 수 있습니다.

기는 그 사람의

현재 에너지의 상태를 말하는 것으로

사람의 강약을 판단하는 기준의 하나가

되는 것임에는 틀림이 없는 것 같습니다.

기 싸움을 통해서 어느 정도 질서가 잡히니

실제로 싸움을 치르지 않아도 되는 것은

기 싸움 때문이기도 합니다.

그래서 그런지 기 싸움은 실전을 방불케 합니다.

부모들도 자신의 자식들을 걱정하면서

기가 죽어지낸다느니,

기가 약해서 큰일이라는 말들을 하면서 한숨을 쉽니다.

기가 죽으면 문제가 생깁니다.

병이 찾아오고 우울해지고,

집을 나오지 않고, 좌절하고, 밤잠을 설치며,

악몽에 시달리고 이상한 헛것을 보고

진땀을 흘리기도 일쑤입니다.

그래서 나와 내 주변의 사람들을 위해

기 살리는 노력을 아끼지 말아야 하며

어떻게 해야 기를 세우는지에 대해

이런저런 고민을 해야만 합니다.

자기가 하고 싶은 일을 하도록 허용하고

지원하는 것이 기를 살립니다.

사람의 의사를 억압하지 않고

자유스럽게 대하는 것이 기를 살립니다.

각자는 사람의 기를 살리는 방법을 나름대로는

다 알고 있을 것입니다.

그 방법을 실천해서 생명을 살리는 데 이바지해야 하겠습니다.

77

술은
악마의 친구

사는 것이 답답하다며

이리저리 바람을 쐰다는 핑계를 대며

집을 나가 외박을 하고 들어오는 사람들이 있습니다.

그들이 생각하기에는 마치 바람은

특정한 곳에서만 부는 모양입니다.

그리고 내일이 없이 오늘만 살다 죽을 사람들처럼

얼굴에는 오만 죽을 인상을 지으며

술을 퍼마시는 사람들이 있습니다.

술은 사람을 방탕하게 합니다.

그렇습니다.

술은 정돈된 삶을 깨어 부수는 훼방꾼입니다.

술을 먹으면 음식을 절제하는 습관도 무너져서

아무것이나 입으로 삼키는 무절제가 재현됩니다.

지금까지 잘 통제해왔던 이성의 기제가 사라지게 됩니다.

술은 한 방울도 넘기지 않는 것이 정칙입니다.
한 잔이 두 잔 되고 두 잔이 석 잔 되다 보면
나중에 술이 사람을 잡아먹어 버립니다.
사탄이 바쁠 때는
술을 자기 대신 친구로 보낸다는 속담을 기억해야 합니다.

78

사는 게 답답하면
시장에 가보세요

누구나 시장에 가서

물건을 구경하고

필요한 것들을 사는 것을 좋아합니다.

시장에는 관심을 끄는

이런저런 물건들과 사람들이 많습니다.

시끄러운 시장 속을 사람들에 파묻혀

떠밀려 다니면서 이것저것

구미에 맞는 것들을 구경하는 동안

세상의 모든 시름이 다 없어지고

그 순간만은 몰입하게 되는 장점이 있습니다.

재래시장에 가보면

적은 돈의 위력을 느끼는 재미가 쏠쏠합니다.

눈치를 보며 살 것을 강요받기보다,

자유롭고 주동적으로 물건을 구경하고 사다 보면

억압되었던 자유를 회복하는 느낌을 받습니다.

그리고 내가 주인공이 되어

남들이 벌인 잔치를 구경하면서

사주고 싶은 물건을 사 주는

베푸는 자의 구실을 할 수 있습니다.

그리고 내가 잔치에 참여하게 되는

일체감을 느낄 수 있어 좋습니다.

나는 시장이 의원에 못지않은

역할을 한다고 생각합니다.

시장은 세상을 배우는 학교이기도 하며

다른 사람들의 삶을 통해

내 삶의 정체성을 확인하는 수련의 장이기도 합니다.

어디 그것뿐입니까.

시장은 살기 위한

약한 생명이 역동적으로 몸부림치며

발산하는 에너지를 받고

힘을 얻는 치유의 장소이기도 합니다.

79

어려운 때가
오면

평상시에는 알지 못합니다.

누가 진정 내 편이고, 누가 나를 적대하는지 알지 못합니다.

그냥 두루뭉술 묻혀서

아군과 적군을 구별하지 못한 가운데 살아가게 됩니다.

우리는 우리 편이 누구인지를 알면서 살아야 합니다.

누가 나를 적대하고 있는지를 알아야 합니다.

그래야 대처를 할 수 있기 때문입니다.

내가 좋을 때는 다 내 편인 듯 보입니다.

그렇지만 어려움이 찾아오면

진정 누가 내 편인지를 구별해 줄 것입니다.

나에게 진정 도움이 되지 않는 것들은 다 떠나가 버리고

나를 끝까지 위해 주는 것은 남아 나의 방패가 될 것입니다.

진정 어려운 때가 오면

당신과 내가 둘인지 하나인지를 가려 줄 것입니다.

어려운 때를 맞는다는 것은

우리들의 마음을 아프게 하지만

우리에게 다 나쁜 것만은 아닙니다.

세상에는 나쁜 일만 있는 것이 아닙니다.

반대로 좋은 일만 있는 것도 아닙니다.

만사에는 이로움과 해로움이 다 섞여 존재하며

해로움으로 인해 조심하게 되고,

이로움으로 인해 어려움을 극복할 수 있는

소망을 가지게 됩니다.

어려운 때를 옥석을 가리는 소중한 기회로 삼아야 합니다.

80

반대로
하기

사람들은 저마다 자신의 몸값을 불리기에
혈안이 되어 있습니다.
자동차로 말하자면
성능과 연비와 모델을 업그레이드하기 위해
치열한 경쟁을 벌입니다.
얼마나 힘이 드는지 모릅니다.
또 그렇게 해서 얼마만큼 실속이 있는지도 알지 못합니다.
이런 적극적이고 소비적인 경쟁을 통해
나의 몸값을 올릴 수도 있지만
다른 손쉬운 방법도 얼마든지 있습니다.
그것은 세상 사람들이 하는 방법과 정반대로 하는 것입니다.
반대의 처세술이라고나 할까요.
남이 나를 속이려 들 때 나는 반대로 정직해지는 것입니다.
어리석게도 나의 패를 다 펴서 보여 주는 것입니다.

다른 사람들이 열심히 자신의 장점을 선전하고 다닐 때
나의 약점을 고백하고 주변 사람들의 도움을 구하는 것입니다.
나의 허물을 인정하고
다른 사람의 장점을 칭찬하는 것입니다.
주변 사람들에게 이런 나의 모습을 보여 주면
진정한 도움의 손길이 이곳저곳에서 나에게 미쳐
나의 능력은 하나가 둘이 되고 둘이 셋이 될 것입니다.

81

결혼하는
이유

부모들은 혼기가 찬 자식들을 보면서
결혼시기를 놓칠 때면 안타까워하며
결혼을 서두를 것을 재촉합니다.
하지만 결혼은 결혼을 위한 준비가
되어 있어야 하는 만큼
준비가 안 된 자식들은
부모의 재촉에 부담을 느끼며
괴로워하기도 합니다.
결혼하여 배우자를 두고
자식들을 생산하는 것은
든든한 울타리를 만드는 것입니다.
사막과 파도치는 바다를 건너기 위해서는
혼자서는 외롭고 힘이 듭니다.
싱글은 조직화한 가족에

대항할 힘이 부족합니다.
세상을 살아내기 위해 내 편을 만들어
함께 대응하며 싸움을 해 나가기 위해
결혼하는 것인지도 모릅니다.
결혼은 혼자일 때 느끼지 못할
공고한 성을 소유하는 것입니다.

82

관계의
핵심

Understand.

인간관계의 핵심은

성격의 조화에 있습니다.

조화를 이루기 위해서는

먼저 그 사람을 이해해야만 합니다.

이해는 그 사람 밑에 서는 것입니다.

그 사람 밑에 선다는 것은

말처럼 쉬운 일이 아닙니다.

그 사람 밑에서 열심히 그 사람을 이해하면

그다음에는 비로소 사랑의 마음이

싹트기 시작합니다.

그것으로 끝나는 것이 아닙니다.

그 사랑이 지극하고 정성이 지극하면

그다음으로 사랑은 전혀

중국군　220　　　　2003.11.13
中國軍

무　　명　　인
無　　名　　人

충청북도　옥천군　청산면
忠淸北道　沃川郡　靑山面
2014. 3. 28　　본국 송환

다른 차원의 것으로 변화됩니다.

그것이 무엇인지 궁금하지 않습니까.

그것은 바로 믿음과 존경이라는 것입니다.

지금 그대는 누구를 사랑하고 있습니까.

그리고 상대는 그대를 얼마나 존경하고 있습니까.

사랑과 존경으로 어우러진 관계는

도무지 잘 변하지 않습니다.

83
가정주부라는
직업

가정에서 어머니의 손길은 중요합니다.

집 안 구석구석을 쓸고 닦아 빛을 내고

아이들을 잘 양육하는 일은

세상의 어떤 일보다도 중요한 일입니다.

그런데 어느 순간부터 집안에서

가정과 아이들을 돌보는 일이 천시되기 시작했습니다.

집안일을 소홀히 하고 밖으로 나가 돈을 벌어오는 일이

오히려 더 훌륭한 일이 되어 버렸습니다.

주부들은 가정에서 집안일만 하면

우울증에 걸려 살 수가 없다고 하소연을 합니다.

왜 이런 세상이 되어 버렸는지 알 수가 없습니다.

가정주부가 얼마나 위대한 직업인지 알지 못하는 까닭입니다.

전혀 가정주부임을 부끄러워할 필요가 없습니다.

오히려 자부심을 느껴야 하는 것이

가정주부라는 자리입니다.

가정주부들은 가끔 자신들의 위치나 정체성에 혼란이 생기면

다음의 말을 떠올릴 필요가 있습니다.

"직업을 묻는 말을 받으면 늘 가정주부라고 적는다.

찬탄할 만한 직업인데 왜들 유감으로 여기는지 모르겠다.

가정주부라서 무식한 게 아닌데.

잼을 저으면서도 셰익스피어를 읽을 수 있는 것이다."

타샤 튜더의 말입니다.

84

태도가
중요합니다

외국인 회사에서 중역을 맡은 지인의 말입니다.

외국 사람들이 회사가 필요해서

사람을 선발할 때 가장 중요하게 여기는 것은

당연히 그 사람의 태도나 자세라고 생각한다는 것입니다.

우리 생각 같아서는

그 사람의 능력과 자격, 환경이나 배경 같은 것을

볼 것 같은데 그것이 아니었습니다.

일에 임하는 사람의 태도나 자세를

그 어떤 기능을 능가하는 품성으로 본 것입니다.

기술이나 기능이 좀 떨어지고 능력이 없는 것은

보완할 수 있으나 태도가 잘못되면

모든 기능과 기술이 다 소용이 없게 되는 것입니다.

성공하는 기업은 성공하는 인자를 가진 사람들을 채용하여

적재적소에서 사용함으로써 이루어 낼 수 있습니다.

재능보다는 먼저 태도가 중요합니다.
고객을 어떻게 생각하느냐 하는 태도,
일반적으로 사람들이 쉽게 포기하는 것을
얼마나 오래 붙잡고 고민할 수 있느냐 하는
끈기와 인내와 같은 태도가 필요합니다.
모든 것을 쉽게 생각하고 장밋빛 꿈에 젖어 있어서는 안 됩니다.
우리의 현실은 우리가 생각하는 것보다
훨씬 정교하고 때로는 교활하기도 한 까닭입니다.
현실을 이겨내는 것은 잘 닦여진
그 사람의 자세이지 재능이 아닙니다.

85

가꾸어야
합니다

세상에 가꾸지 않고

쓸모 있게 자라나는 것은 없습니다.

설령 있다 해도 잘못 자라나

결국에는 먹을 수 없게 됩니다.

농사를 지으면서

농부의 마음을 이해할 수 있게 되었습니다.

농사는 도를 닦는 것이라는 사실을 깨달았습니다.

그렇습니다.

농사를 짓는 일은 마음을 닦는 일입니다.

여름날 밭에 나가 보면

입이 쩍하고 벌어질 정도로

잡초가 무성하게 숲을 이루고 있었습니다.

누가 심지도 않았고 가꾸지도 않았는데

잡초는 제멋대로 무성하게 커서

밭을 뒤덮어 버렸습니다.

악의 번성은

저렇게 집요하고도 무섭다는 생각이 들었습니다.

잡초는 뽑으려고

온 힘을 다해 잡아당겨도 뽑히지 않지만,

농작물은 조금만 잘못 건드려도 가지가 부러지고

열매가 떨어지고 맙니다.

사람도 이와 마찬가지일 것으로 생각합니다.

나쁜 습관을 고치지 않고

내버려 두면 무성해져서

결국 그 사람을 다지게 하고 말 것입니다.

악은 우리가 주체할 수 없는 속도와

엄청난 양으로 커져

나중에는 어떻게 손을 써볼 수도 없는 지경이 될 것입니다.

그 상황까지 가지 않도록

늘 자신을 되돌아보는 성찰을 게을리하지 말아야 합니다.

다산 정약용은 강진 다산초당 뒤 마당에

정석(丁石)이란 글자를 새겨 넣고

매일 그 글자 앞에 가서 스스로 다그쳤다고 합니다.

돌의 강직함과 일관성을 배우고자 했을 것입니다.

86

당신의
칼

아는 것이 중요한 것이 아니고
행동하는 것이 중요합니다.
잘못되었을 때 잘못을 시정하는 것이 중요하고
타인이 수렁에 빠졌을 때는
그곳에서 건져내는 열심이 중요합니다.
사람의 육체를 살리고
영혼을 살리는 일에는
두 팔을 걷어붙이고 열심을 다해야 하겠습니다.
잘못을 알고도 회피하는 것은
죄악이며 세상을 어둡게 하는 일입니다.
내가 보태는 한 마디,
나의 행동 하나가 세상을 바꿉니다.
불의와 부정, 거짓과 악함을 보았을 때
당신의 칼을 사용하십시오.

칼을 사용하지 않는 자는
나중에 그 칼로 자신을 망하게 할 것입니다.
"지옥 중에서도 가장 힘겨운 자리는
도덕적으로 행동이 요구되는 때
중립을 선택한 자들을 위해 준비된 자리다."
단테가 남긴 말입니다.

87

두 부류의
사람

세상은 그렇게 간단한 곳이 아닙니다.

생각 이상으로 복잡하고

무섭고도 깊은 곳입니다.

그리고 누가 하나 죽어가도

눈도 깜짝하지 않을 정도로

냉담하며 지엄한 곳이기도 합니다.

삶과 죽음, 빛과 어둠, 밤과 낮,

기쁨과 슬픔, 절망과 환희로

직조된 이 세상은 생각보다 촘촘해

문 앞에서 입장조차 하기 어려운 실정입니다.

세상에는 두 종류의 사람들이 있습니다.

하나는 죽느냐 사느냐의 기로에 선 사람들이고

나머지 한 부류는 잘 살고 못사는 일로

괴로워하는 사람들입니다.

전자는 생존을 다투는 자들이고
후자는 생활을 위해 고민을 하는 자들입니다.
후자의 부류에 속하는 사람들은
전자의 부류에 속한 사람들을
따뜻한 눈길로 바라볼 줄 알아야 합니다.

88

선택의
기준

삶은 선택입니다.

수많은 선택의 갈림길에서

무엇을 선택하는가에 따라 그 사람의 삶이 결정됩니다.

살아가는 매 순간 우리는 무언가를 선택하고

결단하는 요구에 직면합니다.

사람에게는 관계가 중요합니다.

사람과 사람 사이의 관계 말입니다.

사람들은 사랑하기도 하고 미워하기도 합니다.

긴밀해서 눈길만 보아도

알아차릴 수 있는 관계가 있는가 하면

소가 닭 보듯 하는 소원한 관계가 있습니다.

복잡한 관계의 갈림길에 섰을 때

당신은 어떤 기준으로 무엇을 선택합니까.

이해관계입니까?

당신의 편리함입니까. 아니면 당신의 자존심 같은 것입니까.

헨리 나우엔이 말했습니다.

"관계에 어려움이 있을 때 사랑을 선택하라."

사랑하고 잃는 것이 사랑하지 않는 것보다 낫다는 말이 있습니다.

선택의 갈림길에서 사랑을 선택하는데

무슨 후회가 있겠습니까.

흔들리지 않는 선택,

최고의 선택은 바로 사랑을 힘껏 붙드는 것입니다.

89

진정한
지혜

참으로 맞는 말이기는 하지만
실천하기 어려운 말들이 많이 있습니다.
그중의 하나가 주변 사람들을
즐겁게 하는 일이 아닌가 생각합니다.
우리는 일상에서 얼굴을 대하고
자주 만나는 사람들을 즐겁게 할 수 있어야만 합니다.
멀리 있는 자를 즐겁게 하는 것도 중요하지만,
ᅯ 중요한 것은
우리 삶의 현장에서 만나게 되는 사람들과
화목하게 지내는 것이 무엇보다 중요합니다.
어느 것이 더 손쉬우며 오래가며 효과가 더 크겠습니까.
그것은 당연히 주변에 있는 사람들을 돌보는 것입니다.
내 가족, 내 직장동료, 내 이웃을 돌보지 않으면서
멀리 있는 사람들을 즐겁게 한다는 것은

앞뒤의 순서가 뒤바뀐 것이며 사리에도 맞지 않는 것입니다.

나를 아껴주는 멀리 있는 사람은

내가 가까이 있는 사람들과 화목하게 지내기를 원합니다.

가화만사성이라는 말은 그래서 생겨났습니다.

가까이 있는 자들을 즐겁게 해야 합니다.

"가까이 있는 자를 기쁘게 하면

먼 곳에 있는 자들이 몰려오리라(近者悅 遠者來)."

논어(論語)에 나오는 말입니다.

90

의논이
경영입니다

경영은 사람이 하는 것입니다.

그래서 경영을 하기 위해서는

사람들의 의견과 계획이 모여지기도 하고

때로는 상충하기도 합니다.

경영은 어느 한 사람만의 독주로

이루어지지 않습니다.

그렇게 해서는 대단히 위험한 경영이 됩니다.

사업은 시류에 따라

새로운 기술의 발달에 따라

부단히 살아 움직이는 생물과 같은 것입니다.

그렇기 때문에 경영자가

전지전능한 신이 아니라면

혼자의 능력으로 대처해 나갈 수가 없습니다.

경영을 하려면 지혜가 필요한데

지혜는 사람들 사이에 있습니다.

좋은 의견이 숨어 묻히지 않도록 해야 합니다.

리더는 자유로운 분위기를 조성해서

좋은 의견이 많이 나오도록 유도해야 합니다.

사람이 중요합니다.

천재들의 의견을 듣고 싶습니까.

그럴 때는 고민할 필요가 없습니다.

내 주변에 있는 사람

열 명의 의견을 모으면

그것이 천재의 의견에 못지않다고 하는

믿음을 가져야 합니다.

"의논이 없으면 경영이 무너지고

지략이 많으면 경영이 성립하느니라."

성서 잠언에 나오는 말입니다.

91

조물주의
비법

어머니의 암을 치료하기 위해
병원에 갔다가 우연히 어느 저명한 정치인이
입원하고 있는 1인실 내부를
그가 잠시 자리를 비운 채 문을 열어 놓아
엿볼 기회가 있었습니다.
그 방은 넓었고 편리한 시설과 집기들이
다 갖추어져 있었을 뿐만 아니라
손님을 맞을 수 있도록
접견실까지 갖추어져 있는 것을 보았습니다.
그 사람은 자신이 중병에 걸렸다는 것을
주변에 철저히 비밀로 하는 것 같았습니다.
그 방을 보면서 중병이 들어서
입원하는 병실에서도
엄연히 계급이 존재한다는 생각이 들어

씁쓸한 생각이 잠시 들기도 했습니다.

세상이 만들어낸 계급은

참으로 끈질기게 따라다니며 안 가는 곳이 없습니다.

하지만 그렇나고 하여

그가 소유한 돈과 권력과 명예도

죽음까지는 막지 못한다는 것을 알고

또 한편으로는 그 사람에 대해 안타까운 마음을

금할 수가 없었습니다.

죽음 앞에서는

그 사람이 가진 모든 것들이 무용지물입니다.

인생의 유한성 그리고 죽는 순서의 무작위성은

콧대 높은 인간을 겸손하게 길들이는

조물주의 비법입니다.

92

그래서
사람입니다

알고 지내는 한 친구가

정치적인 보복을 당해

그가 잠시 몸담고 있던

정치계를 떠나야 했으며

그동안 평생을 일구어 온

자신의 사업체가 망하고

건강까지 잃어버리는 것을 본 일이 있습니다.

한동안 그 친구는 끝 모를 눈부신 성장을

거듭해 온 것을 보았기에

안타까움을 더 했습니다.

사람의 출세라는 것이 다 이런 것입니다.

어떤 사람이 정승의 자리에 있을 때에는

그 집의 개가 죽어도 사람들이 모여들지만,

정작 정승인 그가 죽으면

아무도 관심을 두지 않는다는 속담이 있습니다.

사람 수명이 70세고,

강건해 보아야 80살을 넘기기가 어렵습니다.

옛 우리 선조들은 잠을 잘 때

백수(百壽)라는 글자를 수놓은 베개를 베고 자면서

한 백 년 장수하는 것을

인생 최대의 꿈으로 여기며 살았습니다.

천 년을 푸를 수 있는 것은

사람의 일이 아니라

천 년을 푸른 저 소나무들의 일일 것입니다.

사람은 사는 도중 삶의 여정에서

부서지고 쓰러지고 후회하고 눈물지을 수밖에 없습니다.

그런 연약한 존재임에도 불구하고

늘 권력과 권세를 누리고 싶고

그것을 한번 잡으면 마음껏 휘두르고 싶어 하며

어쩌다 놓치고 나면 입맛을 다시면서 다시 잡기를

간절히 희구하는 것이 사람의 성정인 것은 어찌할 수 없습니다.

이 땅에 살아 있어 생명으로 불리는

모든 이름이 안쓰럽습니다.

그들이 가야 할 성쇠의 여정을 생각하면 더욱 그렇습니다.

산야에 낙엽이 집니다.

떨어지는 낙엽을 보고 있노라면 흡사 홀로된 인생,
좌절한 인생들이 지천에서 우우 소리를 내며
아우성을 치는 것 같습니다.
별스런 일도 아닙니다.
쓰러지니까 사람입니다.

93

벌레들의
반란

어머니가 말년에 몸이 아파

병원을 전전하느라

집을 몇 달씩 비우기 일쑤였습니다.

어머니는 병원에서 살림 살던 집으로

돌아가기를 학수고대했지만,

그것은 어머니의 마음처럼 쉬운 일이 아니었습니다.

몸이 나아야 집으로 갈 수 있을 것인데

나이가 들면 오만 합병증이

어머니의 발목을 잡고 놓아주지 않았습니다.

한두 달 사이 집을 비우고 병원을 전전하다가

어머니가 혼자 사시던 빈집으로 돌아왔습니다.

방문을 열고 들어서자

퀴퀴한 냄새가 전신을 파고들었습니다.

여기저기 벌레들이 온 집을 점령하고 있었습니다.

집주인이 몸이 아파 제구실을 하지 못하는 것을
제일 먼저 눈치를 채고 주인을 유린하는 것은
벌레들이었습니다.
밥을 먹다 말고 급하게 병원으로 가는 바람에
그대로 두고 나왔던 된장국 냄비에는
온통 곰팡이였습니다.
불이 나간 냉장고에서는 달걀이 썩어
구더기가 들끓는 것이 보였습니다. 그뿐만이 아닙니다.
큰방과 작은방에서는 말벌들이 아예 천장에다가
자기들 집을 지어놓고 살고 있었습니다.
밥을 지으려고 쌀부대를 열어젖히자
나방이 날아오르고 구더기가 꿈틀거렸습니다.
쌀을 씻자 누런 육수 같은 벌레들이
수도 없이 계속 나왔습니다.
방 안에 놓아둔 감자는 싹이 돋아
마치 보리 싹을 틔운 것 같아
새삼 생명의 끈질김에 놀랄 수밖에 없었습니다.
집주인은 몸이 아픈데 이런 벌레들과도
싸워야 한다고 생각하니 맥이 다 풀렸습니다.
나는 이런 일을 겪고 난 이후
집에 벌레가 돌아다니는 것을 보면

벌레가 나를 우습게 보는 것 같은 생각이 들어

질겁하게 됩니다.

건강해야 하겠습니다.

집을 쓸고 닦고 빛을 내야 하겠습니다.

벌레들이 나를

우습게 보지 못하게 하기 위해서라도 말입니다.

94

죽음에
대하여

이 세상에 의미 없는 죽음은

없다는 생각입니다.

죽음의 순간에는

모든 불화한 것들을 다 불러 모아

화해하게 하는 신비한 힘이 있습니다.

세상 사람들은 미워하다가도

죽음을 앞둔 사람 앞에서는

다 용서하고 화해하며

마지막 길을 떠날 수 있도록 배려를 해 줍니다.

이제 그 사람과는 더 이상

만날 수 없다는 것을 알고 있기 때문입니다.

그 사람을 떠나보내고 나서는

모든 것들이 불가능하다는 것을 알기 때문일 겁니다.

사람이 살아 있을 때는

만나서 이야기하고 싸우기도 하고,

만지기도 할 수 있습니다.

하지만 죽고 나면

이 모든 것들이 다 쓸모가 없어지게 됩니다.

사람들은 영리해서

모두가 헛수고라는 것을 알기에

그런 모양입니다.

죽음은 한 인간의 목숨이

깜빡깜빡 점멸하는 전구처럼

신음하다가 어느 순간 돌연히

사라져가는 것입니다.

죽음은 한 사람의 존재의 소멸을 가져오는 대신

원수진 사람들을 불러 모아

화해하게 하는 신비한 힘이 있습니다.

그 어떤 죽음이라도

인간에게 있어서만은

개죽음이라는 것은 없습니다.

모든 죽음은 사람들의 감정을

숙연하게 정화하는 역할을 합니다.

죽음은 한 인간이 세상에 주는 마지막 선물입니다.

95

지상의
별

어두운 밤하늘에는
빛나는 별이 있습니다.
그와 마찬가지로 험난한 세상에는
가족이라는 이름의 별이 있습니다.
병원을 가 보십시오.
죽어가는 환자 옆에는
그 환자를 끝까지 지키는 가족들이 있습니다.
거동이 불편한 환자를 부축하고
대소변을 받아 내고,
고통의 순간에 함께 신음하고,
함께 슬퍼할 자는
이 세상에 가족 말고는 아무도 없습니다.
가족은 험한 세상을 살아가기 위한
든든한 버팀목이 되기 때문입니다.

삶은 전쟁입니다.

투병도 질병과의 전쟁입니다.

환자만이 전쟁의 전사가 아닙니다.

환자들의 가족은 언제나 용맹스런 전사(戰士)였습니다.

하늘에 빛나는 별이 있다면

땅에는 보석같이 빛나는 가족이 있습니다.

96

그대의 자리를
지켜다오

폭설이 내리는 날 우체국에 갔습니다.

창밖에는 쉬지 않고

눈이 쏟아져 내리고 있었습니다.

밖은 눈이 쌓여

세상으로 나가는 길들을 지우고

벌거벗은 나무들은

눈꽃을 아름답게 피우고 있었습니다.

그때 많은 사람들은 요란스런 소리를 내며

포장 테이프를 찢고 붙이며

어디론가 보낼 선물들을 포장하느라 분주합니다.

보고 싶은 얼굴들에게

뭔가 소중한 것들을 주고 싶은 마음에

언덕 위에 우뚝 선 우체국까지 와서

사랑의 마음을 터뜨리는 모양입니다.

주고받는 일은 당신을 살리고
나를 살린다는 것을 굳게 믿습니다.
그리운 이름들을 불러봅니다.
친구야, 동생아, 형님아 그리고 어머니.
그리운 사람들의 이름을 불러 보면서
질기고도 험한 이 세상에서 부둥켜안고
함께 가야만 한다고 다짐을 합니다.
눈밭을 달려와
이곳 언덕배기 우체국에 와서
그리운 사람들의 주소와 이름을 적어 가면서
내가 사는 이유도 알게 되는 것입니다.
그리고 간절하게 독백해 봅니다.
때로는 힘들고 처지가 어렵더라도
쓰러지지 않고
살아남아서 지금 서 있는
당신의 자리를 지켜달라고 말입니다.
악한 세대에 지지 않고 살아남아서
우리들의 생을 아름답게 노래해야만 하겠습니다.

97

내년 봄 우리 살아서
다시 만나요

지금은 추운 한겨울입니다.

거리의 꽃은 꽃망울들을 간직한 채

한데에 나가 힘겹게 떨고 서 있습니다.

날씨의 변덕이 심합니다.

이러다가는 봄이 올 것인지를

의심할 정도로 일기가 고르지 못합니다.

사는 일도 만만하지가 않습니다.

한겨울 날씨처럼 씽씽 찬바람이 불어옵니다.

나는 봄을 그리워하지만 봄을 보지 못하고

봄의 길목에서 쓰러지지나 않을까 하는

불안한 생각에 우울합니다.

매년 봄을 맞는 일은

이렇게 어려운 과정의 연속이었습니다.

올해만 그런 것이 아닙니다.

매년 나는 겨울이 끝나는 때부터

봄을 그리워하면서 여기까지 왔습니다.

다시 봄을 맞이할 수 있을까를

늘 의심하고 염려하면서 말입니다.

꽃으로 피지 못해도 좋다는 생각을 하게 됩니다.

하지만 만물이 일어서는 그때를 맞아

나는 잎이라도 되우며

살아서 삶을 노래할 수 있으면

좋겠다는 생각을 간절하게 할 뿐입니다.

살아서 무엇을 하느냐고요?

만일 살아서 따스한 봄을 맞을 수가 있다면

그때는 그리운 사람들을 만나

함께 모여 더운밥을 먹고 싶습니다.

겨울이 아무리 춥고 모질어도

쓰러지지 말고 살아서

내년에 다시 당신을 만나고 싶습니다.

98

오늘의 가능성을
믿어보세요

매일 맞이하는 하루하루가 중요합니다.

그 이유는

우리가 알지 못하는 비밀이

숨어 있을 수 있기 때문입니다.

아침에 일어나면 한껏 부풀어 있어도 좋습니다.

그리고 오늘 일어날 엄청난 일들을

기대하셔도 좋습니다.

되는 일이 없다면서

풀이 죽어 지낼 필요가 없습니다.

오늘 안에는 능력도

기적도 일어날 수가 있습니다.

풀지 못할 일들이 풀어지는

비밀의 날이 될 수도 있습니다.

오늘 그대는 마음껏 꿈꾸고 기대하십시오.

마크 트웨인은 말했습니다.

"오늘 일어나지 않을 수 있는 일은

아무것도 없다(There is nothing that can not happen today)."

우리는 오늘이 주는 무한한 가능성을 믿어야만 합니다.

99
별을 따기
위해서는

사는 일이 답답할 때가 있습니다.

매일매일 반복되는 일상들이

지겹다는 생각이 들 때가 있습니다.

그리고 자신의 한계를 알고

더 이상 나아갈 수가 없다는 것을

발견하는 순간도 있었습니다.

그럴 때는 지금까지 살아온 길이

후회스러워 지면서 가보지 않은 다른 길로

한번 가보고 싶다는 생각이 간절합니다.

세르반테스는 정말 별종의 사람이었습니다.

그의 말은 만용에 가깝게 들리지만 아주 그럴싸합니다.

그는 어쩌면 우리들의 정신적인 멘토가

되기에 부족함이 없으며

훌륭한 조련사라는 생각이 들기도 합니다.

우리가 안다는 것과 그것을 시인하고 말이나

글로 표현한다는 것과는 많이 다릅니다.

아는 것도 말과 글로 표현하게 되면

그 사람의 사상이 되어 버립니다.

"이룩할 수 없는 꿈을 꾸고

이루어질 수 없는 사랑을 하고

싸워 이길 수 없는 적과 싸움을 하고

견딜 수 없는 고통을 견디며

잡을 수 없는 저 하늘의 별을 잡자!"

세르반테스가 돈키호테에서 한 말입니다.

이룩할 수 없는 꿈을 꾸면 공상가라고 합니다.

이루어질 수 없는 사랑을 하면 고통을 받게 됩니다.

이길 수 없는 적을 만나 싸우면 패배의 아픔을 안게 됩니다.

견딜 수 없는 고통을 견뎌야 한다고 합니다.

그래야 저 하늘의 빛나는 별을 잡을 수가 있다고 합니다.

인간의 한계를 뛰어넘을 때 무엇이 이루어집니다.

우리가 흔히 말하는 스타라는 사람들은 특이한 사람들입니다.

보통 사람들이

이룰 수 없는 일들을 이룬 사람들이기 때문입니다.

성공하고 특별해지기를 원한다면

세르반테스의 기상을 가질 일입니다.

100

기다림에
대하여

살아가면서 이런저런

시도를 많이 해 봅니다.

그러고 나서 그 결과를 기다리는 일이 많습니다.

가끔 그 결과가 금방 나오기도 하지만

대부분의 일은 그 결과를 보기 위해

참기 힘든 인고의 시절을

기다려야만 하는 것입니다.

어떻게 보면 산다는 것은

기다리는 일이라는 생각이 듭니다.

무엇을 시도하는 것도 일하는 것이지만

기다리는 것도 역시 일을 하는 것이고,

성취하는 것입니다.

어느 시인은 자신의 삶을 되돌아보면서

삶의 8할이 바람이었다고 고백을 했습니다.

하지만 저는 감히
삶의 9할이 기다림이었다고 말하고 싶습니다.
그만큼 생의 대부분이
기다림의 연속이라는 말이 됩니다.
그렇기 때문에 잘 기다리는 것 하나만으로도
그 사람의 절반 이상은 이미 성공이라고 말하겠습니다.

삶의 거름들

이번에 출간한 이 책은 내가 평소에 쓰는 글들과는 성격이 다릅니다. 그동안 주로 남성적인 거칠고 긴 문장과 문체를 써 왔습니다. 하지만 이 책은 경어체의 문투를 가진 짧은 글들의 모음집입니다.

이 글을 쓸 당시 진이 다 빠진 상태였습니다. 손대는 것마다 제대로 성공하는 것이 없었습니다. 나 자신을 불신하고 미워했습니다. 솔직히 시를 써서 밥을 먹을 수가 없었습니다. 그러나 내가 할 수 있는 일은 시를 쓰는 재주밖에 없었습니다. 그럴 때 시를 가지고 뭔가 궁리를 해야만 했습니다. 써 놓은 시를 가지고 산문으로 풀어써 보았습니다. 시는 결핍에서 오는 깨달음의 노래입니다. 나는 시를 그렇게 정의합니다. 내가 풍족했으면 시를 쓰지 않아도 되었을 것입니다.

여기에 있는 글들은 나의 시집 『시가전』, 『당신의 말이 들리기 시작했다』, 출간 예정인 『거룩한 이기심』을 가지고 비틀고

삶고 두드리는 작업을 한 결과물들입니다. 이 글들을 읽으면 예수, 석가, 법구경, 마키아벨리, 라로슈코프, 소설가 박상우가 남긴 글들이 생각납니다. 언제나 그들의 글에서 삶의 진수를 배울 수 있었습니다. 책을 통한 이들과의 교류와 못난 내가 엉금엉금 기다시피 하며 세상을 살아가는 동안 깨우친 내용들을 여기에 담았습니다.

글을 쓸 때는 진이 다 빠져 원고를 넘기고 나서 아무 생각 없이 지내다가 한 해가 지나갔습니다. 책이 나오기 전에 다시 읽어 보니 내가 언제 이런 글들을 썼나 하는 마음이 들었습니다. 힘을 빼고 쓴 글들은 소박하고 진실합니다. 이 글은 못난 내 인생에 대한 성찰과 반성, 기도와 결단입니다. 이 글들이 독자들의 기슴속에 파고들어 가서 삶의 거름이 되었으면 좋겠습니다. 100개의 글을 읽다가 좋은 내용이 나오면 그렇게 살려고 애를 써야 합니다. 세상에 좋은 말들과 글들은 넘쳐나서 듣고 읽는 순간에는 고개를 끄덕이며 인정하지만 읽고 나면 그만 잊고는 합니다. 우리가 그동안 잘못 살아온 부분이 있다면 회개해야 합니다. 이 책을 통해 회(悔)를 통해 개(改)를 하는 계기로 삼을 수 있다면 더 이상 바람이 없겠습니다.

제9요일 이봉호 지음 | 280쪽 | 15,000원

4차원 문화중독자의 창조에너지 발산법 천 개의 창조에너지가 비수처럼 숨어 있는 책! 창조능력을 끌어올리는 세상에서 가장 쉬운 방법이 소개되어 있다. 음악, 영화, 미술, 도서, 공연 등의 문화콘텐츠로 우리 삶뿐 아니라 업무능력까지 향상시키는 특급비결을 일러준다.

광화문역에는 좀비가 산다 이봉호 지음 | 240쪽 | 15,000원

4차원 문화중독자의 좀비사회 탈출법 대한민국의 현주소는 탈진사회 1번지! 천편일률적인 탈진사회의 감옥으로부터 손쉽게 탈출하는 방법을 담고 있다. 무한속도와 무한자본, 무한경쟁에 함몰된 채 주도권을 제도와 규율 속에 저당 잡힌 이들의 심장을 향해 날카로운 일침을 날린다.

나는 독신이다 이봉호 지음 | 260쪽 | 15,000원

자유로운 영혼의 독신자들, 독신에 반대하다! 치열한 삶의 궤적을 남긴 28인의 독신이야기! 자신만의 행복한 삶을 창조한 독신남녀 28人을 소개한다. 외로움과 사회의 터울 속에서 평생을 씨름하면서도 유명한 작품과 뒷이야기를 남긴 그들의 스토리는 우리의 심장을 울린다.

H502 이야기 박수진 지음 | 284쪽 | 15,000원

어떻게 하면 살아남을 수 있을까? 낙오하는 즉시 까마귀밥이 되는 끔찍한 삶을 사는 장수풍뎅이들. 매일 살벌한 싸움을 할 수밖에 없는 상자 속 마치 인간사회의 단면 같다. 주인공인 H502 장수풍뎅이는 그 안에서 피나는 노력 끝에 능력과 힘을 키우며 점점 강해지고 단단해지는 법을 익힌다. 그러던 어느 날 상자 밖으로 탈출할 절호의 기회가 찾아오는데 과연…

나쁜 생각 이봉호 지음 | 268쪽 | 15,000원

4차원 문화중독자의 세상 훔쳐보는 방법 컬처홀릭의 작지만 발칙한 중독일기 41. 미련하게도 인간 스스로 자유와 행복을 구속하기에 복잡다단한 삶 속에서 중독의 지배를 받는다. 악성중독균과 쓸 만한 중독균을 비교분석해 당신의 미래를 꿈꾸게 하고 삶을 지탱하는 힘을 줄 것이다.

그는 대한민국의 과학자입니다 노광준 지음 | 616쪽 | 20,000원

황우석 미스터리 10년 취재기 세계를 발칵 뒤집은 황우석 사건의 실체와 그 후 황 박사의 행보에 대한 기록. 10년간 연구를 둘러싸고 처절하게 전개된 법정취재, 연구인터뷰, 줄기세포의 진실과 기술력의 실체, 죽은 개복제와 매머드복제 시도에 이르는 황 박사의 최근근황까지 빼곡히 적어놓았다.

대지사용권 완전정복 신창용 지음 | 508쪽 | 48,000원

고급경매, 판례독법의 모든 것! 대지사용권의 기본개념부터 유기적으로 얽힌 공유지분, 공유물분할, 법정지상권 및 관련실체법과 소송법의 모든 문제를 꼼꼼히 수록. 판례원문을 통한 주요판례 분석 및 해설, 하급심과 상고심 대법원 차이, 서면작성 및 제출방법, 민사소송법 총정리도 제공했다.

음악을 읽다 이봉호 지음 | 221쪽 | 15,000원

4차원 음악광의 전방위적인 음악도서 서평집 40　음악중독자의 음악 읽는 방법을 세세하게 소개한다. 40권의 책으로 '가요, 록, 재즈, 클래식 문턱을 넘나들며, 음악의 신세계를 탐방한다. 신해철, 밥 딜런, 마일스 데이비스, 빌 에반스, 말러, 신중현, 이석원을 비롯한 수많은 국내외 뮤지션의 음악이야기가 담겨 있다.

남편의 반성문 김용원 지음 | 221쪽 | 15,000원

잘못된 결혼습관, 바로 잡을 수 있다!　일상을 들여다보고 잘못된 결혼습관이 있다면 지금 당장 버려라. 부부의 이름으로 살다가 실패한 수백 쌍의 이혼사례로부터 얻은 '결혼생활을 지키기 위해 조심해야 할 행동유형 지침'을 공개했다. 알면 지킬 수 있고, 모르면 망치게 된다. 모든 남녀문제가 술술 풀린다.

몸여인 오미경 지음 | 서재화 감수 | 239쪽 | 14,800원

자녀와 함께 걷는 동의보감 길!　동의보감과 음양오행 시선으로 오장육부를 월화수목금토일, 7개의 요일로 나누어 몸여행을 떠난다. 몸 중에서도 오장(간, 심, 비, 폐, 신)과 육부(담, 소장, 위장, 대장, 방광, 삼초)가 마음과 어떻게 연결되고 작용하는지 오장육부와 인문학 여행으로 자세히 탐험한다.

대통령의 소풍 김용원 지음 | 205쪽 | 12,800원

노무현을 다시 만나다! 우리 시대를 위한 진혼곡　노무현 대통령을 모델로 삶과 죽음의 갈림길에 선 인간의 고뇌와 소회를 그렸다. 대통령 탄핵의 실체를 들여다보고 우리의 정치현실을 보면서 인간 노무현을 현재로 불러들인다. 삶의 현실과 가성을 글어내어 역사 비틀기와 리기리기 상상력으로 탄생한 정치소설이다.

어떻게 할 것인가 김무식 지음 | 237쪽 | 12,800원

포기하지 않는 자들의 자문법　정상에 오르기 위해 스스로를 연마하고 자기와의 싸움에서 승리한 자들의 인생지침을 담았다. 절대로 포기하지 않고 끈질기게 도전하면서 할 수 있다는 자신감과 열정을 끌어올린 이들의 자문자답 노하우를 익힐 수 있다. 포기하지 않는 한 누구에게나 기회는 있다. 공부하고 인내하면서 기회를 낚아챌 준비를 하라. 당신에게도 신의 한 수는 남아 있다!

탈출 신창용 지음 | 221쪽 | 12,800원

존재의 조건을 찢는 자들　자본의 유령에 지배당하는 나라 '파스란'에서 신분이 지배하는 나라인 '로만'에 침투해, 로만의 절대신분인 관리가 되고자 진력하는 'M'. 하지만 현실은 그에게 등을 돌리고 그를 비롯한 인물들은 저마다 가진 존재의 조건으로부터 탈출하려고 온몸으로 발버둥치는데… 그들은 과연 후세의 영광을 위한 존재로서 역사의 시간을 왔다가는 자들인가 아닌가…

하노이 소녀 나나 초이 지음 | 173쪽 | 11,800원

한국청년 초이와 하노이소녀 나나의 달달한 사랑 실화 이야기　엽기적인 그녀, 전차남을 이은 실화 사랑 이야기! 하노이에 있었던 한 소녀와의 사랑 실화! 서울과 하노이, 서른여섯 한국청년 초이와 스물셋 하노이소녀 나나, 아이 같은 아저씨와 어른 같은 소녀. "우리, 사랑해도 될까요?"

"몸이 아프면, 마음도 아프다!"

우리 집 평화와 건강을 책임지는 최고 인문건강서

몸여인 | 오미경 지음 | 239쪽 | 값 14,800원

동의보감과 음양오행 시선으로 오장육부를 월화수목금토일, 7개의 요일로 나누어 몸여행을 떠난다. 요일별로 오행과 장부의 특성을 익히면서 몸과 마음 다스리는 방법을 배운다. 몸의 장부를 보면, 매일매일 하는 생각의 작용을 모두 알 수 있다. 몸 중에서도 오장(간, 심, 비, 폐, 신)과 육부(담, 소장, 위장, 대장, 방광, 삼초)가 마음과 어떻게 연결되고 작용하는지 오장육부와 인문학 여행으로 자세히 탐험한다.

책 속 주인공인 Oh쌤과 다복, 얌체, 황가와 함께 허준 생가를 시작으로 동의보감과 관련된 지역을 직접 방문·체험하면서 몸속 기관의 신비로움과 역할, 기능을 하나하나 익힌다. 허준 박물관, 난타공연, 수영장과 온천, 이순신을 기린 현충사, 조령산 휴양림, 경남 산청의 동의보감촌을 여행하며 각 장부와 관련된 마음작용을 자연스럽게 접하게 된다.

"남편 때문에 힘들지 않으세요?"

부부간 조심해야 할 행동유형 지침서

알면 지킬 수 있고, 모르면 망치게 된다. 튼튼한 장막이 되어 삶의 동력이 되어야 할 내 가정과 부부관계는 어떤가. 만일 이상한 마찰음을 일으키거나 멈추어 설 그런 징표는 보이지 않는가. 이 땅에 부부의 이름으로 살다가 실패한 수백 쌍의 실패사례를 통해 성공하는 결혼으로 이끄는 비법을 배울 수 있다.

과거 다른 어떤 책에서도 찾아볼 수 없었던 소중한 수백 건의 생생한 이혼사례와 좀처럼 볼 수 없는 진귀한 결혼생활을 노래한 국내외 시인들의 재치 번뜩이는 생활 시(詩) 그리고 가족법을 전공한 법학자의 풍부한 부부생활 지식을 통해 당신의 성공적인 결혼생활을 보장한다.

STICK

사랑합니다, 스틱! 스틱은 당신을 응원합니다,
가까이 있는 당신을 생각합니다, 읽고 있는 그대를 그리워합니다, 가족을 사랑합니다,

이 책을 읽을
당신과 함께
하고 싶습니다!

카페 **cafe.naver.com/stickbond**
블로그 **blog.naver.com/stickbond**
포스트 **post.naver.com/stickbond**

stickbond@naver.com

이 책을 읽은
당신과 함께
하고 싶습니다!